KB154226

벌거벗은
한국사 인물편

벌거벗은 한국사 인물편

본격 우리 역사 스토리텔링쇼

tvN STORY 〈벌거벗은 한국사〉
제작팀 지음

프런트페이지
FRONTPAGE

특별한 여행을
함께 떠나볼까요

여행을 떠나볼까요?

반만년 우리 역사의 수많은 장면들.

그중 가장 매력적인 '스토리'가 있는

과거 어느 순간이 우리의 목적지입니다.

여러분은 언제, 어디로 떠나 누구를 만나고 싶으신가요?

저희의 고민도 여기서 시작됐습니다.

우리 역사의 어느 시점으로 돌아갈 수 있다면

과연 어디로 떠날 것인가?

어떤 인물의, 무슨 이야기를 들을 것인가?

답을 내리기는 생각보다 어려웠습니다.
분명 학교 수업시간에 배웠던 것 같은데
머릿속에 '스토리'는 없이 연도, 사건, 인물 같은
단편적인 정보들만 떠올랐기 때문입니다.

그래서 저희는 생각했습니다.
'우리 역사의 장면들이 오랫동안 기억되도록
쉽고 친절하게 흥미로운 스토리로 엮어 보여드리자.'
그리고 히스토리텔러 최태성 선생님과 뜻을 모았습니다.
우리 역사 스토리텔링쇼 〈벌거벗은 한국사〉는
그렇게 태어났습니다.

누구나 부담 없이 즐길 수 있는 스토리 한국사.
이제 준비는 끝났습니다.
펜과 노트는 잠시 내려놓고
홀가분한 마음으로 한국사 여행을 떠나보실까요?

tvN STORY 〈벌거벗은 한국사〉 제작팀

재미와 의미를 담은
역사 속 사람 이야기

역사는 재밌다.

무조건 재밌다.

왜냐고요? 여러분이 담소를 나눌 때

시간 가는 줄도 모르게 만드는 주제는 무엇인가요?

누군가의 이야기, 즉 뒷담화죠.

어찌 보면 역사는 뒷담화입니다.

과거의 사람을 소환해서 그에 대해

이러쿵저러쿵 이야기 나누는 시간이니까요.

고급스럽게 표현한다면 역사는 사람을 만나는 인문학입니다.

과거 그 사람의 삶을 들여다보면

현재의 나는 어떻게 살아야 할지를 자연스레 고민하게 되거든요.

그때 비로소 우리는 역사의 쓸모를 깨닫게 됩니다.

사람과의 재미있는 만남, 그리고 나누고 싶은 이야기가

바로 이 책《벌거벗은 한국사》에 담겨 있습니다.

특히 이 책은 기존 역사서나 강의에서

시간 관계상 생략할 수밖에 없는 스토리를 제대로 담아냈습니다.

하나의 사건을 입체적인 시각에서 바라보며

역사의 맛을 제대로 음미할 수 있는 충분한 여백을 드릴 것입니다.

솔직히 말씀드리면 제가 이야기하면서도

제가 재미를 느껴 빠져드는 이야기들입니다.

그렇다고 재미만 있는 것은 아닙니다.

'재미'에 그치지 않고 '의미'도 함께 담았습니다.

한 사람의 인생에서 재미와 의미를 구분하는 일은 헛되기만 한데,

어찌 재미있는 사람 이야기에 의미가 빠지겠습니까.

재미있는 역사 스토리 여행.

의미 있는 인생 스토리 여행.

《벌거벗은 한국사》와 떠나보시죠.

큰별쌤 최태성

| 차례 |

▦▦▦▦▦ 1부 나라의 운명을 뒤흔든 사람들 ▦▦▦▦▦

1장 벌거벗은 태조

2장 벌거벗은 폭군

3장 벌거벗은 마지막 왕

4장 벌거벗은 왕자

2부 세상을 놀라게 한 사람들

1부

나라의 운명을 뒤흔든 사람들

멀거멀은 태초

김경수(청운대학교 교양학부 교수)

이성계는 왜
어명을 어기고 말머리를 돌렸나

전라북도 남원시 운봉읍과 인월면 사이의 람천에는 널따랗고 평평한 너럭바위가 있습니다. 붉은 빛깔을 띤 이 바위는 '피바위'라고 불리는데, 실제로 이곳에서 수천 명이 피를 흘리며 목숨을 잃은 적이 있습니다. 1380년, 고려의 멸망을 불과 12년 앞둔 해의 일입니다.

람천에서 죽어간 이들의 정체는 다름 아닌 고려에 쳐들어온 왜구들이었습니다. 얼마나 많은 왜구들이 목숨을 잃었는지, 냇가와 바위는 온통 피로 물들었고 흘러든 피 때문에 마을 사람들은 물도 마시지 못할 정도였다고 합니다. 그 때문일까요? 피바위에는 오랜 세월이 흐른 지금까지도 붉은색이 남아 있습니다.

조선 태조 이성계 어진 어진박물관 소장

마치 제 나라인 것처럼 우리 땅을 휘젓고 다닌 왜구를 처단한 인물은 바로 조선을 건국한 태조 이성계입니다. 이성계라고 하면 조선의 첫 번째 왕이라는 사실만 떠올리기 쉽지만, 사실 그는 누구보다 앞장서서 왜구를 무찌른 고려 최고의 장군이었습니다. 왜구뿐만 아니라 홍건적과 여진족, 원나라 군대를 격퇴하며 영토를 지키고 고려를 구해냈으니 그야말로 고려의 영웅이었죠.

1388년, 그랬던 그가 요동을 정벌하라는 어명을 어기고 위화도에서 말머리를 돌려 군사들을 이끌고 수도 개경으로 향합니다. 수도를 점령한 뒤에는 스스로 왕위에 올라 조선을 세우지요. 위기마다 목숨을 바쳐 싸웠던 이성계는 어째서 더 이상 고려를 지키지 않고 새 나라를 세웠을까요? 지금부터 이성계가 고려의 역적이 된 그 내막을 벗겨보겠습니다.

변방에서 자라난
청년 무사

이성계는 고려인이었지만 고려 땅에서 태어나지 않았습니다. 1335년 원나라에서 태어났죠. 고려 장군의 고향이 원나라라니, 어찌 된 일일까요? 이성계가 원나라에서 태어난 이유를 알기 위해서는 먼저 그의 가문을 살펴봐야 합니다.

이성계가 태어날 때 그의 가족은 고려의 동북면, 오늘날 함경남도 영흥 지역에 살고 있었습니다. 전주이씨 집안이 북쪽에 자리를 잡게 된 것은 이성계의 고조할아버지인 이안사 때의 일입니다. 이안사는 전주의 호족 세력이었는데, 전주에 살 당시 그 지역의 관리와 갈등을 빚게 됩니다. 더 큰 문제는 관리가 조정에까지 이 문제를 보고하려 한 것이지요. 위협을 느낀 이안사는 전주를 떠나 식솔과 가병 들을 데리고 강원도 삼척으로 갑니다. 그런데 공교롭게도 그 관리가 이번에는 강원도 지역으로 부임한다는 소문을 듣게 됩니다. 질긴 인연 탓에 삼척에도 있을 수 없게 된 이안사는 다시 북쪽으로 올라가 동북면 의주에 정착했습니다. 그리고 의주 지역을 지키는 의주 병마사라는 관직을 맡게 됐죠.

당시 고려는 몽골제국과 오랜 전쟁을 치르는 중이었습니다. 고려인들은 몽골에 결사항전 했지만, 차례로 영토를 빼앗기고 말았지요. 이안사가 살고 있던 동북면 또한 몽골 땅이 되었습니다. 이후 이안사는 몽골로 망명했고, 1271년 몽골이 국호를 세워 원나라가 되자 이안사의 국적도 고려에서 원으로 바뀌었습니다. 이안사는 원나라 관직을 받고 능력을 펼쳐 자신이 살고 있던 지역에서 확고한 지지 기반을 만들었습니다. 강력한 토착 세력 중 하나로 성장해 아들과 손자, 증손자에게도 관직과 재산, 군사들을 물려주었지요.

이러한 이유로 고려인이지만 원나라 백성으로 살아가던 이성계 집안이 다시 고향으로 돌아갈 수 있는 기회가 생겼습니다. 1356년, 고려가 원나라에 빼앗겼던 동북면을 되찾기로 결심한 것입니다. 당시 동아시아를 주름잡던 원나라는 동북면뿐 아니라 고려 전체에 엄청난 영향을 끼치고 있었습니다. 고려사를 배우다 보면 듣게 되는 '원 간섭기'가 바로 이때입니다. 내정 간섭이 얼마나 심했는지 고려의 왕까지도 좌지우지했을 정도입니다. 고려의 왕자는 원나라에서 교육을 받고 원나라의 공주와 결혼해야 했지요. 고려가 '사위의 나라'라는 뜻인 부마국駙馬國으로 불린 까닭이 여기에 있습니다.

고려가 몽골에 빼앗긴 동녕부와 동북면

하지만 1351년에 왕위에 오른 공

민왕은 이전 왕들과는 달리 고려를 외세에 휘둘리지 않는 자주적인 나라로 만들고 싶어 했습니다. 원나라의 내정 간섭과 수탈에 대항하여 강력한 반원 자주 정책을 실시했지요. 이 과정에서 공민왕이 추진한 일 중 하나가 빼앗긴 동북면을 되찾은 것입니다.

원나라는 동북면을 관리하기 위해 '쌍성총관부'라는 기관을 설치했는데, 공민왕은 이를 탈환하기 위해 북벌을 감행합니다. 이때 이성계의 아버지 이자춘이 힘을 보탭니다. 공민왕은 원나라의 힘이

공민왕과 노국공주 고려 제31대 왕 공민왕과 그의 부인인 노국공주를 그린 초상. 국립고궁박물관 제공.

약해진 틈을 타서 쌍성총관부를 공격했고 약 100년 만인 1356년 동북면을 되찾았습니다. 이자춘은 공을 인정받아 다시 고려의 품으로 돌아왔고, 고려의 관리가 되어 동북면을 지켰습니다. 그의 곁에는 장성한 아들인 청년 이성계가 있었지요. 동북면 탈환에 공을 세운 21세 청년 이성계, 이는 무장 이성계의 탄생을 알리는 서막이었습니다.

무장 이성계,
고려의 영웅이 되다

이성계는 어린 시절부터 활을 잘 쏘기로 유명했습니다. 기마술도 뛰어났으며, 타고난 힘도 무척 세었다고 합니다. 무장 가문이라는 환경 또한 훌륭한 재능을 꽃피울 수 있는 조건이었겠지요. 그런 이성계를 도와주는 아주 특별한 존재가 있었으니, 한 명 한 명이 최강의 전투력을 자랑하는 '가별초'입니다.

가별초는 이성계 집안 대대로 내려온 사병 집단으로, 천 명에서 3천 명에 달하는 엄청난 규모를 자랑했습니다. 장군들이 사병을 거느리는 것은 고려에서 흔한 일이었지만, 가별초는 다른 장군들의 사병과는 비교할 수 없었습니다. 병력과 전투력은 물론이고, 충성도에 있어서도 당대 최강이었으니까요.

가별초의 가장 큰 특징은 바로 기마부대라는 점입니다. 이성계가 살던 동북면은 고려인과 몽골족, 여진족 등 다수의 이민족이 함께 사는 땅이었습니다. 이성계는 동북면 주변의 토착 세력을 차례로 흡수해서 가별초의 규모와 힘을 키웠습니다. 특히 가별초의 중심 세력에 다수 포함되어 있던 여진족은 호전적이고 군사적인 성향을 지녔을 뿐만 아니라 활과 말을 다루는 능력이 뛰어났습니다. 전쟁에서 막강한 위력을 발휘하는 기마부대의 중요성을 인식하고 최강의 기마병들로 가별초를 구성한 것입니다. 덕분에 가별초는 강한 전투력과 우수한 기동력을 가질 수 있었지요. 특히 평상시에 험준한 산악 지형에서 사냥을 하는 것이 일상이라 산악전에서도 유능한 것이 큰 장점이었습니다.

이성계와 가별초의 위력은 이처럼 대단했습니다. 그들은 돌격하기 직전에 커다란 소라 껍데기로 만든 대라大螺라는 나팔을 불었는데, 그 소리가 들리면 적들은 이성계를 보기도 전부터 두려움에 벌벌 떨었다고 합니다.

고려 최강 강철부대 가별초와 함께 이성계는 동북면에서 국경을 지켰습니다. 그러던 그에게 막중한 임무가 주어졌습니다. 고려 북쪽으로 쳐들어와 수도 개경을 함락시킨 원나라의 반란군 홍건적으로부터 개경을 되찾는 것이었습니다.

동아시아 대제국 원나라는 그 위세를 채 100년도 지키지 못하고 정치적 혼란을 겪습니다. 그 틈을 타서 한족 농민들이 원나라에 반기를 들고 반란을 일으켰지요. 이들은 머리에 붉은 두건을 둘렀다고 해서 '홍건적'이라 불렸는데, 반란에 실패해 원나라 군대에 쫓기고 있었습니다. 밀리고 밀린 홍건적은 압록강이 언 틈을 타 고려까지 쳐들어왔습니다. 군을 재정비하고 고려에서 물자를 충당하려는 의도였지요.

1361년 11월, 20만 홍건적은 고려의 수도 개경을 함락해버립니다. 공민왕은 개경을 떠나 안동으로 피신하는 신세가 되었습니다. 미처 도망가지 못한 힘없는 백성들은 홍건적의 손에 비참한 죽음을 맞았지요.

"이날 홍건적이 개경을 함락한 후 수개월 동안 진을 치고 머물면서
(…) 남녀 백성들을 죽여 구워 먹거나 임신부의 유방을 구워 먹는
등 온갖 잔학한 짓을 자행하였다."

《고려사》 39권, 공민왕 10년(1361) 11월

홍건적은 차마 입에 담기도 힘든 끔찍한 짓들을 저지르고, 약탈
을 일삼았습니다. 개경은 순식간에 지옥으로 변하고 말았죠. 고려
사람들은 절망에 빠져 하루하루를 보내야 했습니다.

지옥으로 변한 개경을 구하기 위해 이성계는 2천 명의 가별초를
이끌고 개경으로 향합니다. 그들이 도착했음을 알리는 대라 소리
가 울린 후, 이성계 부대는 개경
으로 진입해 홍건적 총사령관의
목을 베었습니다. 이로써 홍건적
에 빼앗겼던 개경을 3개월 만에
되찾았습니다. 이성계 부대와 고
려군이 퍼붓는 세찬 공격에 홍건
적은 10만 명의 시체를 남긴 채
도망쳐야 했습니다.

큰 공을 세운 이성계는 '경성

역대병요 세종이 정인지 등에게 역대의 전쟁과 그
에 대한 선유들의 평을 집성하라 명하여 만들어진
병서. 13권에 태조가 홍건적을 평정한 내용이 실
려 있다. 서울대학교 규장각한국학연구원 제공.

수복 1등 공신'으로 책봉되었습니다. 고려의 왕을 구한 충신으로 인정받는 동시에, 이성계와 그의 군대가 무시하지 못할 세력임을 알린 것입니다. 유명하다 한들 변방의 무사였던 이성계의 성공적인 데뷔전이었습니다. 이 일은 이성계의 인생에 있어 터닝포인트가 되었습니다. 이성계를 비롯한 동북면 출신들이 고려 정계에서 공식적으로 인정받게 되었을 뿐만 아니라 이후 정치 세력을 형성하는 계기가 되었기 때문입니다. 홍건적 토벌로 고려 사회에 이름을 알린 이성계는 중앙 정계로의 진출을 꿈꾸기 시작했습니다.

이성계를 가로막은 기득권 세력 권문세족

고려의 일류 무장으로 인정받은 이성계는 계속해서 눈부신 활약을 보여줍니다. 수만 명의 군사를 몰고 온 몽골의 장수 나하추를 격퇴하고, 원나라의 힘을 등에 업은 채 공민왕을 살해하려 한 반란군을 제압하는 등 전투에 나가기만 하면 백전백승이었습니다. 그야말로 고려 왕의 든든한 칼이 된 것입니다.

공을 세우고 직급도 올리며 승승장구하는 듯했지만, 이성계는 고려 중앙 정계에 쉽게 자리 잡지 못했습니다. 이성계의 출신 성분이 그의 발목을 잡았기 때문입니다. 오랫동안 원나라 땅이었던 동북면 출신이라는 점, 이성계의 집안이 원나라의 관리로 일했던 점은 계속해서 걸림돌이 되었습니다. 다른 무장들과 달리 이성계는 수없이 많은 공을 세우고도 그 능력을 평가절하 당하곤 했고, 언젠가 고려를 배신할지도 모른다는 의심을 받기도 했습니다.

이런 주변의 시선 때문에 이성계는 더욱 적극적으로 전투에 참여했습니다. 원나라에 적대하는 모습을 보이며 고려인으로 인정받기 위해 노력했지요. 개경의 높은 자리에 있는 관리의 딸과 결혼까지 했습니다. 자신의 입지를 더욱 견고하게 만들기 위한 방법이었습니다. 하지만 출신의 한계를 극복하기란 쉽지 않았습니다.

게다가 이성계의 중앙 정계 진출을 강력히 막은 세력이 있었으니, 바로 당시 고려의 최상위층 지배 세력인 권문세족權門勢族이었습니다. 권문세족은 권세가 높고 벼슬이 있는 집안을 가리킵니다. 이들은 고려의 무신정권이 붕괴하고 원나라의 간섭이 시작되면서 정계를 장악했습니다. 고려 말기에 나라를 휘어잡고 부정부패를 일삼았죠. 권문세족을 비롯한 고려의 기득권층에게 이성계라는 새로운 인물의 등장은 달갑지 않은 일이었습니다. 자신들이 누리던 정치권력과 경제적 부를 나누고 싶지 않았을 테니까요.

고려 말기, 막강한 힘을 가졌던 권문세족들은 권력을 독점하고 백성을 수탈했습니다. 불법적으로 땅을 강탈하고 독점하는 것도 개의치 않았죠. 이때 생긴 말이 '수정목공문水精木公文'입니다. 수정목은 '물푸레나무'로 만든 몽둥이를, 공문은 '문서'를 가리키는 말이지요. 즉, 법보다 몽둥이가 강하다는 뜻입니다. 일부 권신들은 실제로 몽둥이를 이용해 백성들을 때리고 위협하며 좋은 땅을 마구 빼앗았으니, 그들의 횡포가 얼마나 심각했는지는 말로 다할 수가 없었습니다.

《고려사》에서는 권문세족이 소유한 땅을 '산천위계山川爲界'였다고 말합니다. 산과 강을 경계로 삼아 토지를 소유했음을 이르는 말이지요. 그러니까 이 산부터 저 산까지가 한 사람의 땅이고, 이 강부터 저 강까지가 또 한 사람의 땅이라 할 정도로 소유한 땅이 넓었던 것입니다. 그러나 정작 농사를 지어야 하는 백성들은 송곳을 꽂을 땅조차 없었습니다. 권문세족의 욕심과 횡포가 백성들의 고통을 불러온 것이지요.

게다가 권문세족 중에는 원나라와 관계를 맺으며 강력한 세력으로 등장한 친원파도 있었습니다. 친원파들은 일제강점기의 친일파처럼 원나라가 고려 내정에 간섭하는 것을 도우며 고려에 막대한 피해를 입혔습니다.

이렇듯 나라가 부패하고 망국의 기운이 보이니 백성들 사이에서 유행처럼 번진 말이 있습니다. 국지불국國之不國, 즉 나라이되 나라가 아니라는 말입니다. 요즘으로 치자면 "이게 나라냐!"와 비슷한 말이지요. 막막한 고려의 상황에 백성들의 시름은 깊어만 갔습니다.

이러한 상황에 이성계 역시 고민도 깊었을 테고 답답함도 느꼈을 것입니다. 하지만 아무리 전쟁터를 누비며 공을 쌓아도 이미 권문세족이 득세한 중앙 정계에 발을 붙이는 일은 쉽지 않았습니다.

새로운 세상을 꿈꾸는 신진사대부와의 교유

그럼 혼란에 빠진 고려에 개혁을 바라는 이들은 없었냐고요? 그건 아닙니다. 신진사대부들이 있었습니다. 이들은 성리학을 공부한 유학자들로, 권문세족에 대항해 고려 말 새롭게 부상한 정치 세력입니다. 그리고 그 중심에는 누구보다 고려의 개혁을 바랐던 인물, 정몽주가 있었습니다.

정몽주 고려 말 충신이자 유학자. 호는 포은이다. 국립중앙박물관 제공.

신진사대부를 대표하는 인물인 정몽주는 학자, 정치인, 시인, 외교관으로 활동했지만, 직접 전쟁 참모로 출정하기도 했습니다. 이성계와 정몽주가 처음 만난 곳도 전쟁터였습니다. 정몽주가 참모로 있던 고려군이 여진족과의 전투에서 연달아 패하자, 이들을 구하기 위해 이성계가 천 명의 가별초를 끌고 와 여진족을 무찔

렀죠.

그런 이성계의 모습에 크게 감탄한 정몽주는 후에 그가 자신이 꿈에도 그린 영웅이라며 시를 짓기도 했습니다.

"풍모가 호걸 같으니 꽃동산의 송골매로구나.

지략이 깊고 웅대하니 남양의 용이로다.

서책에서 옛사람의 행적을 찾아봐도 그대와 같은 이는 드물구나."

정몽주,《포은집》

이후 정몽주는 종종 이성계의 전투에 참모로 참여했습니다. 그리고 이성계에게 여러 학자를 소개해주며 활발히 교유했죠. 이성계도 정몽주를 통해 여러 학자를 만나며 학문에 관심을 가지기 시작했습니다. 특히 그가 열심히 읽었던 책은《대학연의大學衍義》로, 성리학 기본서 중 하나라고 할 수 있는《대학大學》의 이해를 돕는 해설서였지요. 이성계는 밤늦게까지 이 책을 읽으며 무너진 세상을 다시 일으켜 세울 뜻을 가졌다고 합니다. 훗날 이 책은 조선 국왕들의 필독서가 되었지요. 이렇듯 신진사대부 정몽주와 신흥 무신 이성계의 만남은 개혁을 향한 불길을 만드는 심지가 됩니다.

마침 중국 대륙 또한 원명교체기로, 원나라의 힘은 약해지고 명나라의 힘은 강해지던 때였습니다. 자주 국가를 꿈꾸던 공민왕은 이때야말로 원나라에 빼앗긴 땅을 되찾고 권문세족도 청산할 절호의 기회라고 생각했지요. 그 꿈을 위해 개혁을 꿈꾸는 신진사대부들을 신뢰하며 그들이 세력을 키우는 데 힘을 실어주었습니다.

개혁은 차근차근 진행되었습니다. 권문세족이 불법으로 차지한 땅을 주인에게 돌려주고 억울하게 노비가 된 자들을 풀어주는 것이 먼저였습니다. 뒤이어 공민왕과 신진사대부는 명나라와 적극적인 외교를 시작했습니다. 내부의 적인 권문세족의 힘을 약화시키고 원나라를 견제하기 위함이었지요.

그런데 순조로운 듯했던 개혁에 급브레이크가 걸리고 말았습니다. 음력 1374년 9월, 개혁의 주체였던 공민왕이 암살을 당한 것입니다. 갑작스러운 공민왕의 죽음에 당시 10살이던 공민왕의 어린 아들 우왕이 즉위했고, 권문세족 실세인 이인임과 최영이 다시 실권을 장악합니다. 공민왕의 노력은 수포로 돌아갔고, 신진사대부와 정몽주는 한순간에 중앙에서 밀려나 유배지를 떠도는 신세가 되었습니다. 이렇게 고려는 다시 권문세족의 손아귀에 들어갔고 세상을 바꿀 기회는 사라져버린 것만 같았습니다.

벼랑 끝에 몰린
고려를 지켜라

원나라도 고려의 큰 고민이었지만 고려를 집요하게 괴롭혔던 또 다른 무리가 있습니다. 바로 1350년을 기점으로 기하급수적으로 늘어난 왜구들입니다. 왜에서 보낸 정식 군대인 왜적과 달리 왜구는 해적의 무리로, 전혀 통제가 되지 않는 집단이었습니다. 당시 일본은 내전을 벌이던 중이었는데 이 혼란한 틈을 타서 노략질을 일삼는 왜구가 등장했고, 이들이 고려 땅을 노렸던 것입니다.

왜구의 침략은 전국 각지에서 빈번하게 일어났습니다. 민간인을 공격했을 뿐만 아니라 부산, 전라도, 강화도에서 세금을 실어 나르는 조운선을 약탈하기도 했지요. 1223년부터 고려가 망할 때까지 169년 동안 왜구가 침입한 횟수는 무려 520여 회에 달합니다. 기록된 것만 이 정도이니 왜구의 횡포가 얼마나 극에 달했는지 짐작할 수 있겠지요?

1380년 8월, 꾸준히 침략하던 왜구가 이번엔 무려 500척의 배를 이끌고 금강 하구로 몰려왔습니다. 배 한 척당 승선 인원을 30명이라 가정하면 1만 5천여 명, 40명이라 가정하면 2만여 명의 왜구가 고려로 쳐들어온 것입니다.

금강 하구의 진포로 들어온 왜구는 전라도와 경상도, 충청도를 들쑤시며 약탈을 일삼았습니다. 마

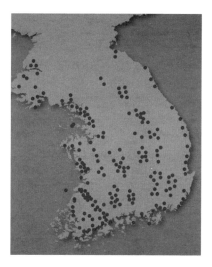

고려 말 왜구가 침입한 지역

을에 불을 질렀고 심지어 아이들까지 포로로 잡아 죽여 그 시체가 산을 이루었다고 합니다. 왜구가 가는 곳마다 쑥대밭이 되었지요.

조선 시대 임진왜란 이후 지친 민심을 격려하기 위해 만들어진 《동국신속삼강행실도》에는 이 당시 왜구의 잔인한 행동을 기록으로 남긴 그림들이 실려 있습니다. 아마 과거에도 외세의 침략을 받은 적이 있지만 굳세게 버텨왔다는 것을 보여주기 위함이었겠죠. 그림을 살펴보면 고려 여인들의 몸을 취하려는 왜구와 그들을 피해 강에 몸을 던지는 여인들, 전쟁에 나간 장군의 아내와 딸을 죽이는 왜구의 모습 등이 묘사되어 있습니다. 그들의 만행이 얼마나 끔찍했던지 조선 시대에도 이야기될 정도였던 것이지요.

《동국신속삼강행실도》에 실린 왜구의 만행 서울대학교 규장각한국학연구원 제공

왜구가 저지른 끔찍한 짓은 여기서 끝이 아니었습니다. 왜구들은 어린아이를 잡아서 제물로 쓰는 천인공노할 짓까지 저질렀다고 기록되어 있습니다.

> "도둑들이 두세 살 된 계집아이를 잡아 머리를 깎고 배를 가르고 난 뒤에 깨끗이 씻어서 쌀과 술을 함께 차려놓고 제사를 지냈다."
>
> 《고려사절요》 31권, 우왕 6년(1380) 8월

고려는 왜구를 막지 못해 쩔쩔맸습니다. 기세가 등등해진 왜구는 주둔하고 있던 남원에 머무르지 않고 북쪽으로 진군하겠다고 선언했습니다. 수도인 개경으로 가겠다는 뜻이었지요. 결국 조정에서는 이를 막기 위해 동북면을 다스리고 있던 이성계에게 왜구 토벌을 맡깁니다. '삼도도순찰사'라는 직위를 받은 이성계는 가별초와 함께 남원으로 향했고, 그의 인생 최대 고비라 할 수 있는 황산 전투를 맞이합니다.

전라북도 남원에 있는 황산에서 맞붙은 고려군과 왜구. 이 전투는 고려 역사상 왜구와 벌인 최대 규모의 전투였습니다. 가별초와 함께 남원에 도착한 이성계는 곧바로 전투를 시작하려 했지만, 고려군 지휘관들이 반대했습니다. 이 전투가 지리적으로 고려군에게 너무 불리했기 때문입니다. 당시 왜구는 높은 산 위에 진을 치고 있었기 때문에 공격하기 위해서는 산을 올라야 했습니다. 이미

산 위에 자리를 잡고 매복해 있는 적을 상대하기란 여간 힘든 일이 아니었죠.

하지만 불리한 조건 속에서도 이성계와 가별초의 전의는 꺾이지 않았습니다. 산봉우리에 올라 왜구의 동태를 살핀 후 필승전법을 세웠지요. 왜구가 있는 곳까지 갈 수 있는 길은 두 가지였습니다. 하나는 험한 오솔길이었고, 하나는 평탄한 길이었지요. 평탄한 길을 택해서 왜구를 공격한다면 왜구가 험한 오솔길로 내려와 아군의 퇴로를 차단하고 배후를 공격할 확률이 컸습니다. 그래서 이성계는 고려 정규군과 가별초가 따로 움직이는 전략을 짰습니다. 산악 지형에 익숙한 가별초는 오솔길에 매복해 자리를 잡고, 고려의 정규군은 평탄한 길로 가서 싸우다가 도망치는 척하면서 왜구를 유인하는 전술이었습니다. 이성계의 예상대로 왜구는 오솔길에 나타나 가별초와 접전을 벌였습니다. 퇴각하는 척하던 정규군이 가별초에 합류했고 결과는 고려의 대승이었습니다.

백전백승의 명장 이성계의 첫 번째 필승법, 그것은 바로 백발백중의 활 솜씨였습니다. 황산 전투 이전에도 이성계는 신궁으로 유명했습니다. 1377년 왜구가 서해 해주 쪽으로 쳐들어와 해주 전투를 치를 때 이성계는 화살 17개를 쏘고는 이렇게 말했다고 합니다. "내가 모두 왼쪽 눈에 쐈다." 전투가 끝나고 시체들을 확인해보니 17발 모두 왜구의 왼쪽 눈에 박혀 있었다는 기록이 전해질 정도입니다. 황산 전투에서도 이성계의 활 솜씨는 빛이 났습니다. 이성계는 화살 50여 개를 쏘았고, 이성계의 손을 떠난 화살은 모두 적에게 가서 꽂혔습니다. 이성계의 활약으로 고려군의 기세는 살아나게 되었습니다.

이성계의 두 번째 필승법은 포위망을 좁혀가는 압박전술이었습니다. 적의 매복과 방어가 예상되는 지점을 크게 돌아 왜구의 방어력을 분산시키고, 전장의 주도권을 장악했습니다. 이성계는 초원지대 유목민이 몰이사냥을 하듯 포위망을 점점 좁혀 자신이 원하는 곳에 왜구를 몰아넣었다고 합니다.

이성계와 가별초가 적군의 대장을 물리치자 왜구의 기세는 꺾여버렸습니다. 고려 군사보다 10배는 많았던 왜구는 겨우 70명밖에 남지 않았습니다. 죽임을 당하는 왜구의 비명이 만 마리 소의

남원 피바위 남원시 제공

울음소리 같았고, 냇물이 모두 그들의 피로 붉게 물들었다는 기록은 과장이 아닐 것입니다.

이야기를 시작하며 소개했던 피바위 기억하시나요? 이곳이 바로 이성계가 왜구를 대량 학살한 장소입니다. 왜구의 피가 스며들었다는 피바위는 지금도 사시사철 붉게 물들어 있습니다. 당시의 치열했던 전투를 떠올리게 하는 모습이죠. 보고도 믿기지 않는 흔적인데, 붉게 물든 피바위의 진실은 무엇일까요?

사실 이 바위는 일반 바위보다 철분이 9퍼센트 정도 많이 함유되어 있는데, 오랜 시간 물과 닿아 산화한 철 때문에 붉은빛이 도는 것이라고 합니다. 하지만 역사의 현장이니까 이런 전설도 전해 내려오는 것이겠죠. 또 한편으로는 이런 이야기가 만들어질 만큼 황산 전투가 치열했다는 뜻이기도 할 것입니다.

병력의 열세에도 불구하고 왜구에게 대승을 거둔 황산 전투. 이 전투로 이성계는 고려의 충신이자 국가적 영웅으로 발돋움하게 됩니다.

고려를 뒤집을 세기의 만남
이성계와 정도전

황산 전투 대승 이후 정계는 이성계를 주목하기 시작합니다. 그

전주 오목대 황산 전투에서 왜구를 토벌하고 돌아가던 중 승전을 자축하는 연회를 열었던 곳. 이곳에서 이성계가 한나라를 세운 유방이 불렀다는 〈대풍가〉를 읊었다고 전해진다. 문화재청 제공.

러던 어느 날, 한 남자가 여진족과 전투 중이던 이성계를 찾아옵니다. 고려의 개혁을 바라던 또 다른 인물, 정도전이었습니다.

정도전은 신진사대부의 핵심 인물 중 한 명이었지만 이성계를 처음 만날 당시 그의 상황은 매우 좋지 않았습니다. 9년이라는 긴 유배 생활로 정치 생명이 뚝 끊긴 상태였으니까요. 정도전은 친원 정책을 반대하며 권문세족을 비판했기 때문에 공민왕이 암살되고 권문세족이 다시 힘을 얻자 조정에 설 자리가 없었습니다.

정도전은 개경과 멀리 떨어진 유배지에서 오랜 시간을 보내며 백성들의 고통을 직접 보고 느꼈습니다. 고려의 한계를 체감하면서 개혁을 넘어 새로운 나라를 꿈꾸게 된 것도 그 시절입니다. 이미 이성계와 친분이 있던 정몽주는 정도전에게 이성계를 만나보라고 권했습니다. 사실 그 둘은 오랜 친구 사이였거든요. 정몽주의 소개로 정도전은 이성계를 만나러 함흥으로 떠난 것이었습니다.

이성계를 만난 정도전은 자신의 눈을 의심했습니다. 오합지졸인 고려 군대만 보다가 기강이 잘 잡힌 가별초를 보니 깜짝 놀랄 수밖에 없었지요. 가별초를 지휘하는 이성계의 뛰어난 통솔력 또한 감탄을 자아냈습니다. 정도전은 자신의 속마음을 담아 이성계에게 한마디를 건넸습니다.

"이 군대로 무슨 일인들 성공하지 못하겠습니까?"

짧은 말이지만 이 말에는 숨은 뜻이 있었습니다. 바로 이 군대로 혁명을 일으켜 고려를 다시 살려보자, 아니 고려를 넘어 다른 세상을 꿈꿔보자는 의미였지요. 1383년 정도전을 만난 뒤부터 이성계는 이전과 다른 면모를 보여주었습니다. 전쟁터를 누비던 무사 이성계가, 나라의 미래를 생각하며 정치적 목소리를 내기 시작한 것입니다.

권문세족의 몸통을 치다

이성계가 신진사대부와 교유를 이어가며 고려의 청사진을 그리던 어느 날, 부패의 온상인 권문세족의 몸통을 칠 절호의 기회가 찾아옵니다. 고려 최대의 정치 스캔들이 발생한 것이죠. 사건의 중심에는 당대 최고 권력자인 이인임이 있었습니다. 그는 공민왕이 죽은 뒤 어린 나이에 즉위한 우왕 옆에서 신진사대부를 탄압하고 부정부패를 일삼았던 인물입니다. 그의 부정부패가 얼마나 심했는지 기록에 남아 있습니다.

> "뇌물을 주고 청탁하는 자는 어진 인재가 되고 절조와 염치를 갖춘 사람은 불초한 자가 되었으며 그가 한 번 웃으면 공신이 탄생하고 그가 한 번 찡그리면 사람이 처형당했습니다."
>
> 《고려사》 126권 열전, 간신 이인임

그의 권세가 어느 정도였는지 짐작할 수 있겠지요? 이렇듯 이인임의 권력이 어마어마하니 주변 인물들까지 그의 권세를 등에 업고 날뛰었던 모양입니다. 어느 날 이인임의 최측근이었던 염흥방이 사고를 칩니다. 염흥방의 노비가 관료였던 조반의 땅을 빼앗고 매질을 한 것입니다. 화를 참을 수 없었던 조반은 그 노비를 죽이고 관청에 자수를 하면서 권문세족의 횡포를 낱낱이 고발했습니다.

이 사건은 우왕의 귀에도 들어가게 됩니다. 권문세족의 악행을 더는 봐줄 수 없다고 생각한 우왕은 염흥방과 그 가족들을 참수하라 명령합니다. 이 사건에 연루된 권문세족의 재산은 몰수되었고,

그들의 친인척은 물론 악행을 일삼은 종까지 모두 사로잡아 죽였습니다. 그 수가 무려 천 명 가까이 되었다고 합니다.

그런데 여기서 문제가 발생합니다. 오늘날의 국무총리 격인 문하시중 최영과 부총리 격인 수문하시중 이성계 사이에 의견이 충돌한 것이지요. 이성계와 신진사대부는 이에 그치지 않고 권문세족의 실세인 이인임도 처형해야 한다고 주장했습니다. 그런데 최영은 이인임을 살려주자고 합니다. 우왕은 최영의 편을 들어주었고, 이인임은 최영의 도움으로 목숨을 부지하고 유배를 가는 것으로 마무리되었습니다. 사람들은 "강직하고 정직한 줄 알았던 최영이 결국 늙은 도적을 살려줬다"며 비난했습니다.

올곧고 청렴한 인물인 최영이 이인임을 처단하지 못했던 것은 그 역시도 권문세족이었기 때문일 것입니다. 이인임은 오랜 시간 재상의 자리에 있었던 인물로 최영 역시 한때 그와 손을 잡은 과거가 있었습니다. 오랫동안 군권을 장악하며 권력의 한복판에 있었던 최영 입장에서는 권문세족이라는 자신의 위치에서 자유로울 수 없었을 것입니다. 그래서 최영은 정치적인 선택을 했던 것입니다. 하지만 그는 고려 말 위기 극복에 앞장선 인물로, 그 무엇보다 고려를 먼저 생각했음에는 틀림없습니다. 조선 초기에 편찬된《고려사》는 고려 시대 주요 인물들의 이야기를 정리한 책인데 최영은 이성계의 적이었음에도 불구하고 그 뛰어난 행적이 잘 실려 있습니다. 이를 통해 최영의 인물됨을 확인할 수 있습니다.

사건이 일단락되고 이인임이 유배지로 떠나던 날, 그는 마지막으로 자신을 찾아온 최영에게 경고를 남깁니다. 이성계가 나라의 임금이 될 것이라고 말이죠. 이 말을 들은 최영은 어떻게 반응했을까요? 역사를 바꿀 수도 있었던 이 어마어마한 경고를 쓸데없는 소리라고 생각하고 한 귀로 듣고 흘려버립니다. 이성계의 군사적 역량은 분명 최고 수준이었지만, 그가 왕의 자리를 넘볼 만한 사람은 아니라고 생각했던 것이겠지요.

이성계는
왜 위화도로 떠났나

나라 밖으로는 위태위태하던 원나라를 몰아내고 명나라가 요동을 차지했습니다. 고려와 국경을 맞대게 된 명나라는 자기들이 원나라 땅이었던 중원을 차지했으니 원래 원나라가 가지고 있던 철령 이북 지역을 내놓으라는 어처구니없는 억지를 부리기 시작했습니다. 원나라에 한동안 빼앗겼던 것도 분한데 공민왕 때 가까스로 되찾은 땅을 내놓으라 하니 얼마나 어이가 없었겠습니까.

우왕과 최영은 이 기회에 명나라의 야심을 꺾고 고려의 뿌리인 고구려의 옛 영토를 찾자며 요동 정벌을 주장했습니다. 당시는 원명교체기로, 명나라가 원나라 영토의 대부분을 차지하고 원나라는 그에 밀려 몽골 초원으로 쫓겨나긴 했지만 여전히 격렬하게 싸우는 중이었습니다. 그 틈을 타서 명나라를 친다면 고려에도 승산이 있을 거라고 생각했던 것이지요. 친원파 입장에서 보면 요동 정벌은 잃어버린 요동을 되찾을 수 있는 기회였습니다. 조정 내에서 정치적, 군사적 입지를 강화할 수 있을 거라는 생각도 있었겠지요.

물론 그 생각에 반대하는 사람도 있었습니다. 바로 정몽주입니다. 친명파였던 정몽주는 명나라의 세력이 커지고 있으니 외교적으로 해결하자고 주장했습니다. 하지만 우왕과 최영의 뜻은 흔들리지 않았습니다. 특히 최영은 요동 정벌을 반대하는 문신을 죽이기까지 하면서 강한 의지를 보였습니다.

우왕과 최영은 요동 정벌이라는 중대한 임무를 수행할 인물로 이성계를 선택합니다. 고려의 최고 무장이었으니 당연한 선택이라 할 수 있지요. 하지만 이성계는 요동 정벌을 강력하게 반대하면서 요동 정벌이 불가한 네 가지 이유를 듭니다. 그 유명한 사불가론四不可論입니다.

사불가론의 내용은 다음과 같습니다.

첫째, 작은 나라가 큰 나라를 공격하는 것은 불가하다.

둘째, 농번기인 여름철에 군대를 동원하는 것은 불가하다.

셋째, 온 나라의 군대가 북쪽으로 이동하면 그 사이에 왜구가 공격해올 수 있으니 불가하다.

넷째, 덥고 비가 많이 오는 시기라서 활의 아교가 녹아 무기로 쓸 수 없으며 군사들이 전염병에 걸릴 확률이 높으니 불가하다.

우왕도 이 주장을 듣고는 이성계의 의견에 동조했습니다. 그런데 다음 날, 하루아침에 의견을 바꿔버립니다. 이미 군사를 일으켰기 때문에 요동 정벌을 중지할 수 없다는 것입니다. 원래대로 요동 정벌을 떠나라는 것이지요. 하룻밤 사이에 우왕의 마음이 바뀐 이유는 무엇일까요? 바로 그날 밤, 최영이 우왕을 찾아가 이성계의 말을 듣지 말라고 간곡히 이야기했기 때문입니다.

"원컨대 다른 말을 듣지 마소서."

최영에게 의지하고 있던 우왕은 이 한마디에 마음을 돌렸습니다. 우왕과 최영이 도무지 뜻을 받아주지 않자 이성계는 조금만 시간을 늦춰 날씨가 선선한 가을에 출정하자고 이야기합니다. 그러나 우왕은 요동 정벌을 반대하다가 죽임을 당한 문신의 이야기까지 꺼내며 이성계를 협박했습니다.

우왕을 만나고 온 이성계는 답답하고 참담한 마음에 눈물을 흘렸습니다. 적을 벌벌 떨게 했던 백전불패의 장수에게서 좀처럼 볼 수 없는 모습이었지요. 그 모습을 지켜본 군사가 이유를 묻자 이성계는 이렇게 답했습니다.

"백성들의 재앙과 근심이 이제 곧 시작되는구나."

요동 정벌에 실패하면 백성들이 또다시 고난을 겪을 것이고, 결국 고려는 망할 것이라는 생각이었겠지요. 이때 이미 이성계는 앞으로 어떤 일이 벌어질지 짐작했을지도 모릅니다.

진군이냐, 회군이냐!
고민에 빠진 이성계

왕명을 받아 요동으로 떠난 이성계는 위화도에 도착했습니다. 위화도는 현재 평안북도 신의주에 위치한 섬으로, 압록강 중간에 자리 잡고 있습니다. 강 하나만 건너면 바로 요동으로 갈 수 있는 위치이지요. 운명의 갈림길인 위화도에 도착한 이성계와 군사들. 그러나 그들 앞에 난관이 기다리고 있었습니다. 여름이라 이성계가 걱정했던 것처럼 장마로 강물이 불어 도저히 건널 수가 없었던 것입니다.

물을 건너려 할 때마다 수많은 병사들이 물에 떠내려가거나 빠져 죽었습니다. 접착제 역할을 하는 아교가 녹아서 활은 제 기능을 하지 못했고, 식량은 비에 젖어 상해버렸습니다. 병사들은 걷기조차 힘들어했습니다. 무더위도 힘들었지만, 비에 젖은 갑옷이 너무 무거웠기 때문입니다. 상황이 이러하니 군사들의 사기는 바닥을 쳤습니다. 병사들은 줄지어 도망갔고, 전쟁을 시작하기도 전에 가족 같은 군사들을 잃은 이성계 또한 비참한 심정이었습니다.

악조건 속에서 고뇌하던 이성계는 결국 최영에게 편지를 보냈습니다. 이성계는 위화도의 상황을 알리고 다시 사불가론을 내세웠습니다. 출정 전 요동 정벌에 반대하면 죽을 수도 있다는 협박을 받았지만, 다시 한번 왕의 명령에 반기를 든 것입니다. 최악의 상황에 빠진 이성계 입장에서는 동아줄을 잡는 심정이었겠지요.

편지를 받은 최영은 어떻게 했을까요? 이성계의 기대와 달리 그는 오히려 재물을 주며 계속 진군하라고 군사들을 격려했습니다. 이성계 입장에서는 개경의 반응이 무척 답답했을 것입니다. 위화도의 상황은 모른 채 요동으로 갈 것을 강요했으니까요. 이성계는 최영에게 또다시 편지를 썼습니다. 굶어 죽는 병사가 많아서 정벌이 어렵다는 내용이었습니다. 하지만 이번에는 답장조차 없었습니다.

오도 가도 못하는 상황에서 하루하루 시간이 흘렀습니다. 이성계는 깊은 고민에 빠졌습니다. 위화도에 계속 있자니 병력 손실이 심했고, 고려로 다시 돌아가자니 왕명을 거역한 죄로 가족들이 죽임을 당할까 두려웠던 것입니다.

이성계가 고민을 거듭하던 차에 위화도에는 이성계가 요동 정벌을 포기하고 동북면으로 돌아간다는 소문이 돌기 시작했습니다. 그가 왕명을 거역하는 편지를 거듭 보냈던 터라 병사들은 이성계가 떠날까 봐 불안에 떨었습니다. 소문을 들은 지휘관이 어찌할 바를 모르고 이성계를 찾아와 이렇게 말했습니다. "공이 가시면 우리는 어디로 가란 말입니까?"

눈물을 흘리며 묻는 그를 달래며 이성계가 말했습니다.

"내가 글을 올려 군사를 돌이킬 것을 청했으나 왕도 살피지 않고 최영도 늙어 정신이 혼란한지 듣지 아니한다. 우리 함께 왕을 찾아가 화가 되고 복이 되는 일이 뭔지 말하며 임금 측근인 악인을 제거해 편안한 삶을 살지 않겠는가?"

오랜 시간 고민했던 이성계가 내린 답은 요동 정벌 포기였습니다. 가족의 희생이 있더라도 말머리를 돌리기로 결심한 것이지요. 그리고 자신을 찾아온 지휘관에게 함께 개경으로 돌아가자는 제안을 던집니다. 이성계의 제안에 다른 지휘관들도 동의했습니다. 1388년 5월 22일, 요동 정벌을 떠났던 군사들은 말머리를 돌립니다. 동북면에서 이성계의 회군 소식을 들은 가별초 1,100여 명도 달려와 함께 개경으로 향했습니다.

이틀 뒤, 이성계의 회군 소식이 고려 전역에 퍼졌습니다. 왕명을 어기고 개경으로 돌아온 고려의 반역자 이성계를 개경 백성들은 어떻게 대했을까요? 이성계의 군사들이 개경에 도착한 6월 1일, 놀랍게도 그를 막은 사람은 아무도 없었습니다. 도성의 백성들은 이성계에게 길을 열어주었습니다. 수레를 치워 입성을 돕고, 술과 음료를 내주면서 환영했다고 합니다. 그만큼 고려 말기의 혼란과 수탈에 지쳐 있었던 것이지요.

이성계의 입성으로 고려의 두 장군 이성계와 최영은 드디어 마주하게 됩니다. 고려 말 난세의 영웅이라 불린 그들은 서로 마주 보며 눈물을 흘렸습니다. 전장에서 생사고락을 함께한 동지였기 때문이죠. 이성계는 최영에게 오랜 동료를 떠나보내는 작별 인사를 건넵니다.

"이러한 사변은 나의 본심이 아닙니다. 그러나 요동을 공격하려
는 일은 대의를 거스르는 것일 뿐만 아니라 국가를 위태롭게 하고
백성들을 고되게 하여 그 원망이 하늘까지 이르렀기 때문에 부득이
이렇게 된 것입니다. 잘 가십시오, 잘 가십시오."

《고려사절요》 33권, 우왕 14년(1388) 6월 1일

우왕은 폐위되고, 그의 아들인 창왕이 즉위했습니다. 실권은 이
성계에게 있었으니 왕이라 해도 힘없는 허수아비에 불과했습니
다. 최영은 유배지로 보내졌으나 요동 정벌을 계획한 죄로 결국 사
형을 당했습니다.

73세의 나이로 죽음을 맞은 최영의 마지막 말은 지금도 유명합

최영장군묘 경기도 고양시 덕양구 소재 고려 말기 명장 최영 장군의 묘. 문화재청 제공.

니다. "평생 탐욕이 있었다면 내 무덤에서 풀이 자랄 것이요, 탐욕
이 없었다면 풀이 자라지 않을 것이다"라는 담담한 유언이지요. 오
늘날 최영장군묘는 풀이 있는 평범한 모습이지만, 최영이 죽은 뒤
600년가량은 정말로 풀이 자라지 않았다고 합니다. 벌거숭이처럼
풀이 없어 '붉은 무덤'으로 불렸다지요.

고려의 충신에서
조선의 건국시조로

이렇듯 위화도 회군은 고려를 완전히 뒤집어놓았습니다. 나라
를 바꿔놓은 사건인 만큼 위화도 회군을 보는 시선 또한 다양합니
다. 두 가지 가설이 유력한 편인데 첫 번째는 요동 정벌이 이성계
를 죽이려 한 최영의 의도적인 함정이라는 시각이고, 두 번째는 위
화도 회군이 이성계의 예정된 계획이라는 시각입니다.

첫 번째 시각은 조선 후기 실학자 이긍익의 저서 《연려실기술燃
藜室記述》에 기록된 내용입니다. 이성계를 따르는 사람이 늘고 그가
왕이 된다는 소문까지 돌자 최영이 요동 정벌을 핑계 삼아 이성계
를 제거하려 했다는 것입니다. 요동 정벌에 실패한다면 이성계는
책임을 피할 수 없었을 것이고, 만일 성공한다 해도 전투 과정에서
병력 손실이 불가피할 테니 이성계의 세력은 약화되었겠지요. 최

영으로서는 두 마리 토끼를 잡을 수 있는 방법이었을 것입니다. 하지만 최영의 성품을 봤을 때 실제였을 가능성은 그리 높지 않아 보이기도 합니다.

이성계가 철저한 계획 아래 위화도 회군을 단행했다는 주장에도 근거가 있습니다. 바로 가별초의 도착 날짜입니다. 이성계가 개경 근처에 도착한 날은 6월 1일, 동북면에 있던 천여 명의 가별초가 이동해서 이성계와 합류한 날은 6월 2일이었습니다. 하루 차이로 개경에 도착한 것이죠. 그런데 동북면에 있던 가별초가 개경으로 오려면 험한 백두대간을 넘어야만 했습니다. 이성계가 위화도에서 동북면에 소식을 전하고 출발했다면 둘이 이렇게 비슷한 시기에 도착할 수는 없었을 것입니다. 즉 이성계가 반역 계획을 미리 공유한 것이 아니냐는 의문이 생기게 됩니다. 전부터 회군을 생각했을 가능성이 있다는 뜻입니다.

어느 쪽이 진실인지는 최영과 이성계만이 알겠지만, 확실한 것은 변방의 무사로 20년간 고려를 위해 싸웠던 이성계가 위화도 회군으로 최영을 제거하고 군사권을 장악하게 되었다는 것입니다.

이성계는 자신의 정치 파트너로 신진사대부를 선택하며 이들과 함께 새로운 길을 열고자 했습니다. 이들은 가장 먼저 고려를 부패하게 만든 원인부터 해결하려 했습니다. 바로 토지 문제였지요. 권문세족이 빼앗은 토지는 백성에게 돌려주고, 억울하게 노비가 된 사람도 풀어주었습니다. 이 과정에서 고려 왕실과 권문세족으로

부터 떠났던 민심이 자연스레 새로운 세력으로 향했습니다. 신진사대부는 자신들의 생각대로 민심이 나라의 운명을 가른다는 사실을 확인할 수 있었습니다.

신진사대부의 지력과 이성계의 무력이 조화를 이루면서 고려의 기존 체제는 서서히 허물어졌습니다. 새로운 기틀을 만들어가던 이성계는 마침내 왕위에 올랐습니다. 음력 1392년 7월 17일의 일이었습니다.

이성계가 즉위할 당시의 국호는 여전히 고려였습니다. 하지만 음력 1393년 2월 15일, 이성계는 명나라에 새 나라의 건국과 초대 왕의 즉위를 알렸습니다. 국호는 '조선'으로 정했습니다. 옛 조선의 전통을 계승한다는 의미였습니다. 그리고 그해 음력 10월 28일에 수도를 개경에서 한양으로 옮깁니다. 34대왕, 475년을 이어온 고려는 멸망하고, 500년을 이어갈 새로운 왕조 조선이 탄생한 것입니다.

이성계의 생애는 웅장한 서사시처럼 극적인 스토리로 가득합니다. 불세출의 신궁이자 최고의 장수였으나 출신의 한계로 좌절했던 인물이 그 한계를 넘어 난세의 영웅이 되었다가 끝내 새 나라를 세웠으니까요. 이성계에게 한 나라를 세울 만한 자격이 있었음은 누구나 확인할 수 있을 것입니다.

하지만 역사는 승자의 기록이라는 말이 있지요. 이성계 또한 승자이기에 그의 서사시에도 과장과 왜곡이 숨어 있을 수 있습니다. 눈에 보이는 모습이 전부가 아닐 수도 있다는 사실, 승자의 역사에 너무 뜨겁게 반응하는 자세는 위험하다는 사실을 잊지 말아야 합니다.

우리가 눈여겨봐야 할 것은 그가 민심을 얻지 못했다면 왕이 되지 못했으리라는 점입니다. 일반적으로 역사를 영웅사관 중심으로 보다 보니 이성계의 영웅적인 면모에 집중하게 되지만, 가장 중요한 것은 민심이 이성계에게 옮겨 갔다는 것입니다. 백성들의 마음이 어떻게 움직였는지를 당시의 상황과 함께 살펴본다면 고려 말에 대한 이해도 더 깊어질 수 있을 것입니다. 마지막으로 이성계가 남긴 말을 전하며 이야기를 마치겠습니다. '난득이인심難得而人心', '얻기 어려운 것이 사람의 마음'이로다.

2장

벌거벗은 폭군

임기환(서울교육대학교 사회과교육과 교수)

궁예는 왜
왕건의 마음은 읽지 못했는가

삼국 시대라는 말을 들으면 언제가 떠오르시나요? 고구려와 백제, 신라가 존재하던 때를 떠올리는 분들이 많으실 겁니다. 서로 싸우고 경계하고 때로는 손을 잡기도 했던 이 세 나라는 676년 신라에 의해 하나의 나라가 되었습니다. 삼국을 통일한 신라는 화려한 문화를 꽃피웠지만 200여 년 뒤 다시 세 나라로 쪼개졌고, 또 한 번의 삼국 시대가 시작되지요. 이 시기를 '후삼국 시대'라고 부릅니다.

911년 한반도의 지도를 보면 발해 아래에 신라와 후백제, 그리고 '태봉'이라는 나라가 있음을 알 수 있습니다. 그런데 다른 나라들에 비해 태봉이라는 이름은 무척 낯설 것입니다. 많은 분이 처음

발해

태봉

우산

후백제

신라

탐라

911년 한반도의 모습

들어보는 이름일 테죠. 태봉은 후삼국 시대에 가장 넓은 영토를 가졌던 나라이지만, 지금 우리는 그 이름조차 알지 못합니다. 그런데 태봉을 세운 왕의 이름은 나라 이름과 달리 매우 익숙할 것입니다. 사람의 생각을 읽을 수 있다고 주장하며 스스로 미륵을 자처했던 궁예, 그가 바로 태봉을 세운 왕이었습니다.

궁예라는 이름을 들으면 우리는 자연스레 폭군을 떠올립니다. 하지만 궁예는 혼란스러웠던 시대에 군사들과 함께 용감히 싸워 후삼국 중 가장 많은 영토를 차지했던 장군이자 왕이기도 했습니다. 백성들의 열렬한 지지 속에서 이상적인 국가를 세우려 한 지도자이기도 했고요.

그랬던 그가 마지막엔 자신을 따르던 부하들에게 쫓겨나고 맙니다. 모든 이의 마음을 읽는다는 관심법을 내세우며 스스로를 신격화했던 궁예. 그는 어째서 가장 믿었던 부하 왕건의 마음은 읽지 못했던 것일까요? 지금부터 우리가 미처 알지 못했던, 베일에 싸인 궁예의 이야기를 벗겨보려고 합니다.

출생의 비밀을 품고
태어난 아이

궁예의 트레이드마크라 하면 안대를 빼놓을 수 없습니다. 그런데 왜 그는 항상 안대를 썼을까요? 그 이유는 출생의 비밀에 있습니다. 궁예는 태어나자마자 불행한 운명에 휘말립니다. 한 남자가 포대기에 싸여 있던 갓난아기 궁예를 낚아채 지붕 위로 올라간 뒤 그 위에서 지붕 아래로 던져버린 것이지요. 갓 태어난 아기에게 있을 수 없는 충격적인 일이지만 구사일생으로 목숨만은 건질 수 있었습니다. 다행히 지붕 아래에 있던 유모가 떨어지는 아기를 받았기 때문입니다. 그런데 품에 안긴 아기의 눈에서 피가 철철 나고 있었습니다. 유모가 아기를 받아 안는 순간 그만 눈을 찌르고 만 것입니다. 이런 사연으로 궁예는 목숨은 부지했지만 한쪽 눈은 잃게 되었습니다.

궁예 경기도 안성 칠장사에 그려진 궁예 인물 벽화. 1990년대에 그려진 것으로 추정된다.

그 남자는 대체 왜 궁예를 죽이려 했을까요? 그건 바로 궁예의 정체 때문이었습니다. 궁예가 신라의 왕자였거든요. 왕의 후궁이었던 궁예의 어머니는 궁궐 밖에 있는 자신의 집에서 궁예를 낳았습니다. 곧장 전해진 궁예의 탄생 소식에 궁궐은 발칵 뒤집혔습니다. 너무 불길한 운을 타고나 나라에 해가 될 아이라고 천문을 해석하는 일관이 왕에게 보고했기 때문입니다.

"이 아이는 오표 자가 거듭 들어 있는 날에 태어났고 나면서부터 치아가 있었으며 또한 태어날 때 지붕 위에 하얀색 빛이 무지개처럼 아른거렸다고 하니 기르지 마셔야 합니다."

양수인 5가 두 번 겹치는 양기가 센 날에 태어났다는 것이 그 이유였습니다. 중국 역사서 《사기》에 기록된 바에 따르면 중오일, 즉 5월 5일에 태어난 아이는 부모에게 해악을 끼친다고 믿는 풍습이 있었는데 그 이야기가 당시 신라에도 영향을 미쳤던 모양입니다.

일관의 말을 들은 신라의 왕은 궁예를 죽이라고 명령합니다. 자신의 아들을 죽이라고 명령한 왕이 누구인지는 정확히 알 수 없습니다. 47대 헌안왕이라는 기록도 있고, 48대 경문왕이라는 기록도 있습니다. 누가 되었든 궁예가 신라 왕실 출신인 것은 틀림이 없고 태어나자마자 왕실에서 쫓겨난 것으로 추정하고 있습니다.

유모는 궁예를 품에 안고 멀리멀리 도망쳤습니다. 그리고 친아버지에게서 버림받은 아기를 자신의 아들처럼 키웠지요. 궁예는 자기가 신라의 왕자인 줄은 꿈에도 모른 채 유모를 엄마로 알고 자랐습니다.

어린 궁예는
왜 절에 들어갔을까

유모와 궁예가 도망친 후 10년의 세월이 흘렀습니다. 궁예는 엄청난 장난꾸러기였던 것 같습니다. 궁예의 장난에 정체가 탄로되는 일이 생길까 봐 유모가 마음 졸이며 지냈거든요. 혹여 목숨이 위험해지지는 않을까 조마조마한 마음으로 하루하루를 보내던 유모는 결국 참다못해 궁예를 불러 앉히고는 비밀을 털어놓았습니다.

> "그대는 태어나면서 나라로부터 버림을 받았는데 내가 차마 그냥 두기 어려워 몰래 길러 오늘에 이르렀습니다. 그런데 그대의 경망함이 이와 같으니 반드시 다른 사람들에게 알려질 것입니다. 그렇게 되면 저와 그대는 함께 죽음을 면할 수 없을 것이니 어찌하면 좋겠습니까?"
>
> 《삼국사기》열전 궁예

상상도 못 했던 이야기를 들은 궁예는 큰 충격을 받습니다. 그리고 울면서 이렇게 말하죠. "어머니의 근심거리가 되지 않도록 떠나겠습니다." 그 길로 출가를 결심하고 세달사世達寺라는 절로 향합니다. 세달사는 흥교사興教寺로도 알려져 있는데 오늘날 강원도 영월 지역에 있던 것으로 추정합니다.

절로 간 궁예는 스스로 머리를 깎습니다. 속세의 이름도 버리고 '선종善宗'이라는 법명을 지은 뒤 절에서 지내게 되었지요. 궁예의 또 다른 트레이드마크가 승려복인 이유가 바로 여기에 있습니다.

그러나 궁예는 승려 생활을 계속할 생각은 없었던 것 같습니다. 《삼국사기》에 따르면 그는 승려의 규율에 얽매이지 않았고 겁도 없었거든요. 세달사는 화엄종 사찰이었는데 당시 절에는 다양한 부류의 승려들이 있었습니다. 궁예는 이곳에서 수도승으로 지내며 언젠가 자신의 뜻을 펼칠 때를 기다리고 있었던 것으로 보입니다.

그리고 그런 그의 마음에 응답이라도 하듯 절에서 생활하던 궁예에게 운명적인 사건이 벌어졌습니다. 궁예가 발우를 들고 제를 올리러 가는 길이었지요. 어디선가 까마귀 한 마리가 날아오더니 궁예의 발우에 무언가를 떨어뜨리는 것이었습니다. 이를 치우려던 궁예는 깜짝 놀라고 말았습니다. 새가 떨어뜨린 것이 임금 왕王 자가 쓰인 '첨대'였기 때문입니다.

첨대는 길흉을 판단할 때 쓰던 가늘게 쪼갠 대나무 가지입니다. 옛날에는 여러 개의 첨대에 글자를 써서 통에 담아놓고 그중 하나를 뽑아 점을 쳤습니다. 까마귀가 점을 보는 도구를 떨어뜨린 것도 신기하고, 그것이 발우 안에 떨어진 것도 신기한데, 거기에 임금을 뜻하는 한자가 쓰여 있다니! 궁예 입장에서는 계시라도 받은 느낌이 아니었을까요? 첨대의 글자를 확인한 궁예는 아무도 보지 못하도록 숨겼습니다. 그리고 누구에게도 그 사실을 말하지 않았지요.

이 일화는 궁예가 왕이 될 운명이었다는 것을 알려주는 예언적 성격의 에피소드입니다. 그래서 실제로 일어난 일이라기보다는 나중에 만들어진 이야기라고 해석하는 것이 좋겠습니다. 다만 그렇다 하더라도 궁예가 세달사에서 수도승으로 지내는 동안 왕이 되어 세상을 바꿔보겠다는 정치적 포부를 가졌음을 분명하게 알 수 있는 대목입니다.

대혼돈의 시대, 세상 밖으로 나오기를 결심하다

포부를 키워가던 궁예는 더는 절에 머무르지 않고 행동에 나서기로 결심합니다. 더 이상 두고 보지 못할 정도로 나라가 무너져가고 있다고 판단한 것이지요.

때는 바야흐로 통일신라 말기, 대혼란의 시대였습니다. 왕실은 사치와 향락에 빠져 백성을 제대로 돌보지 않았고, 국고는 텅텅 비어갔습니다. 신라 권력층이었던 귀족들은 더욱더 많은 토지를 갖기 위해 백성들을 가혹하게 수탈했습니다. 토지를 빼앗긴 백성은 남의 집 노비가 되거나 자식을 팔아 겨우 생계를 유지했지요.

하지만 귀족들은 아랑곳하지 않았습니다. 개중에 최고위 귀족들은 그전부터 3천 명이나 되는 노비를 거느리며 떵떵거리고 살았습니다. 그들은 금으로 꾸민 화려한 집에서 살았는데, 그런 집을 가리켜 '금입택金入宅'이라고 했습니다. 금을 입혀 만든 진골 귀족의 호화저택으로, 당시 수도였던 서라벌에 총 35채가 있었던 것으로 기록되어 있습니다.

백성들은 얼마나 기가 막혔겠습니까? 다들 굶어 죽을 지경인데 자기들만 배불리 먹는 것으로도 모자라 집에 금칠을 하다니요. 지배계층의 도를 넘은 사치와 방탕한 모습에 백성들의 분노가 끓어올랐습니다.

> "3년(889), 나라 안의 모든 주와 군에서 공물과 부세를 보내지 않아 창고가 텅텅 비어 나라 재정이 궁핍해졌다. 왕이 사신을 보내 독촉하니 곳곳에서 도적이 벌 떼처럼 일어났다."
>
> 《삼국사기》 신라본기 진성왕

안 그래도 가난한 백성들이 귀족들에게 가진 것을 모두 빼앗겨 세금을 내지 못하니 나라 곳간도 비어버릴 수밖에 없었습니다. 왕은 백성들의 사정을 살피지 않은 채 세금을 독촉하기만 했지요. 더 이상 참을 수 없었던 농민들은 봉기를 일으켰습니다. 전국에서 크고 작은 난亂이 들불처럼 번졌습니다.

그러나 신라의 왕실과 귀족들은 반란을 진압할 수 없었습니다. 사치와 향락, 그리고 오랫동안 계속된 권력 싸움에 중앙정부의 힘이 약해질 대로 약해져 있었던 것입니다. 그 어디도 제대로 지배할 수 없는 상황이었습니다. 중앙의 통제력이 무너지면서 신라 왕실은 점점 허수아비로 전락했습니다.

이렇듯 혼란한 신라의 상황은 궁예가 정치적 야심을 펼치는 기폭제가 되었습니다. 궁예는 자신이 직접 나서서 이 세상을 바꿔보자고 결심했던 것 같습니다. 썩어빠진 신라가 아닌 새로운 세상을 꿈꿨던 것이지요. 그는 그렇게 절을 떠나 세상 밖으로 나오게 되었습니다.

신흥 장군, 새로운 나라를 꿈꾸다

궁예는 세력을 모아 신라가 아닌 새로운 나라를 만들고 싶었습니다. 하지만 절에서 살다 홀로 나온 궁예에게는 아무런 기반이 없었지요. 이럴 때 세력을 키우려면 어떻게 해야 할까요? 가장 쉬운 방법은 강한 사람 밑으로 가서 때를 기다리며 자신의 힘을 키우는 것입니다. 신라 말기 각 지역에서 힘 있는 세력은 바로 호족豪族이었습니다. 호족은 호걸을 뜻하는 '호豪' 자와 족속이나 무리를 뜻하는 '족族' 자가 합쳐진 말로, 통일신라 말기의 지방 세력을 뜻합니다. 강한 경제력과 군사력으로 각 지방에서 큰 영향력을 행사했지요.

신라 말기 주요 호족

　　신라 왕실과 귀족들이 권력 싸움과 사치에 빠져 백성들의 삶을 외면하는 사이, 지역 민심을 등에 업은 호족들의 힘은 점점 커졌습니다. 호족들에게는 재력도 있고 군사도 있었습니다. 게다가 지역 백성들까지 자기편이니 왕실을 우습게 볼 수밖에요. 호족 중 일부는 왕을 자칭하기도 했습니다. 그야말로 누구나 왕이 될 수 있는 시대가 된 것입니다.

　　이들 중에서도 특히 큰 힘을 가진 몇몇 호족들을 '대★호족'이라고 불렀습니다. 훗날 후백제를 세운 견훤, 해상무역을 주도했던 장보고도 대호족 중 하나였습니다.

　　궁예는 뜻을 펼치기 위해 호족의 밑으로 들어가 힘을 기르고자 했습니다. 그가 찾아간 사람이 지금의 원주 일대인 북원北原에서 세력을 떨치고 있던 대호족 양길이었습니다. 세력을 더 키우고 싶었던 양길은 궁예의 기세가 마음에 들었는지 수백 명의 군사를 내주면서 동쪽 땅을 공략하라고 명령했습니다. 지금의 영월과 그 주변 지역을 차지하기 위함이었죠.

　　궁예는 치악산을 거점으로 삼고 주천(영월군 주천면), 나성(영월군 영월읍), 울오(평창), 어진(울진) 등을 점령해나갔습니다. 훌륭한

지도력과 전투력으로 수백 명의 군사를 이끌며 자신의 능력을 보여주었지요. 이때부터 궁예의 이름은 서서히 세상에 알려지기 시작했습니다.

이후 명주(강릉)까지 진출한 궁예의 군사는 처음 600여 명에서 3,500여 명으로 늘어났고, 이제 더 이상 양길의 군대가 아니라 완벽한 '궁예의 군대'가 되었습니다.

명주 진출은 궁예에게 큰 전환점이 되었습니다. 양길의 부하에 불과했던 궁예가 명주 함락 이후 군사들에 의해 장군으로 추대되었던 것입니다. 이는 궁예가 독자적인 세력을 이끌 수 있는 역량과 통솔력을 가지고 있음을 보여주는 사건입니다.

궁예는 이제 어엿한 호족 세력으로 거듭났습니다. 하지만 명주 땅에 만족할 수는 없었지요. 든든한 경제적, 군사적 기반이 생긴 장군 궁예는 양길 아래에서 벗어나 독자적인 정복 활동을 펼치기 시작했습니다. 이후 거침없는 기세로 강원도 대부분을 점령하고 철원, 경기도와 황해도 일부까지 영토를 넓혔습니다.

운명적 상대, 왕건을 만나다

동쪽 지방을 장악하며 숨 가쁜 나날을 보낸 궁예의 시선은 이제

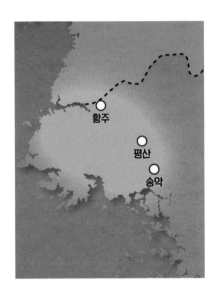
통일신라 말기 패서 · 패강 지역

서쪽으로 향했습니다. 궁예는 패서 · 패강 지역을 욕심냈지요. 이 지역은 신라가 삼국을 통일하기 전에는 고구려에 속해 있던 땅으로 풍족한 곡창지대였습니다. 통일신라의 땅이 된 지 200여 년이나 지난 뒤였지만, 신라 말기에 지방 호족들이 독립하는 분위기가 되자 이 지역 호족들은 고구려 계승의식을 강하게 내세우곤 했습니다. 이들은 패서 · 패강 지역으로 진출하려는 궁예의 영향력을 실감하고는 궁예에게 땅을 바치며 신하가 되겠다고 복종했지요.

그리고 이때 궁예의 인생을 바꾼 운명적인 만남이 이루어집니다. 훗날 궁예의 심복이자 태봉국 최고의 장수가 되는 왕건을 만난 것이지요. 궁예에게 투항했던 호족들 중에는 송악 호족인 왕륭과 그의 아들 왕건도 있었습니다. 왕륭은 대대로 무역을 하며 큰돈을 번 유력 해상호족이었습니다. 해상호족인 만큼 선박 제조 능력과 해상 전투 능력도 갖추고 있었습니다. 게다가 《고려사》의 기록에 따르면 왕건의 외모는 한마디로 '호감형'이었습니다.

"어려서부터 총명하였고, 용과 같은 얼굴에 이마 한가운데 뼈가 도
드라졌으며, 턱은 네모나고 이마는 널찍하였다. 기세가 힘차고 깊었
으며 말소리는 넓고도 컸다. 너그럽고 후하여 세상을 구제할 만한
도량이 있었다."

《고려사》 태조 총서

만난 지 얼마 되지 않았음에도 중대한 일을 맡긴 것을 보면 궁예
또한 왕건에게서 좋은 인상을 받았던 모양입니다. 궁예가 왕건에
게 맡긴 임무는 자신이 세울 나라를 지키기 위한 성을 쌓는 일이었
습니다. 왕건은 자신의 임무를 아주 훌륭하게 해냈습니다.

궁예는 전장에서도 왕건을 활용합니다. 왕건은 기마병을 통솔
하는 정기대감 직을 받고 전쟁에 나가 양주와 견주 등 한강 하류로
진출하며 궁예의 세력 확장을 도왔습니다. 이처럼 뛰어난 활약을
펼치면서 왕건은 궁예의 신임을 착착 쌓아가게 됩니다.

이제 건국을 준비하던 궁예에게 마지막 관문만이 남았습니다.
바로 한반도의 노른자위인 한강 유역을 온전하게 차지하는 것이
었지요. 한강 유역은 비옥한 토지와 수운水運으로 나라의 경제력을
월등히 키울 수 있는 곳이자 육로와 해로를 이용해 어디로든 손쉽
게 진출할 수 있는 요충지입니다. 때문에 나라를 세우려는 궁예에
게 꼭 필요한 영토였습니다.

이미 한강 하류 지역을 차지한 궁예는 한강 중상류에서 세력을

기솔리 석불입상 경기도 안성시 쌍미륵사에 있는 태봉 때의 석불입상. 궁예가 양길과 벌인 비뇌성 전투의 승전을 기념하기 위해 승전지에 조성한 불상이다. 비뇌성 전투는 궁예가 중부 지역 패권을 장악하는 데에 결정적 계기가 되었다. 한국학중앙연구원 제공.

떨치던 북원의 대호족 양길과 싸워 이겨야만 했습니다. 양길은 자신을 키워준 인물이었지만 중부권을 장악하려면 한판 대결을 피할 수 없었지요. 궁예는 왕건의 도움을 받아 양길과 전쟁을 펼쳤고, 결과는 대승이었습니다. 양길을 물리치고 한강 중상류를 차지한 궁예는 이 기세를 몰아 왕건에게 경기도 남부 지역과 충청도 지역까지 점령하라고 명령합니다. 왕건은 매번 능력을 발휘하며 승리를 거머쥐었고, 궁예가 한반도 중부 지역을 점령하는 데 큰 공을 세웠습니다. 그야말로 궁예의 든든한 오른팔이었지요.

마침내
왕의 자리에 오르다

한반도 중부 지역을 장악한 궁예는 드디어 꿈을 이루었습니다.

자신의 나라를 세운 것입니다. 왕실로부터 버림받고 떠돌이 승려의 삶을 살아온 궁예는 901년, 송악을 도읍으로 삼고 건국을 선포했습니다. 그때 궁예가 세운 나라 이름이 바로 고려高麗입니다. 교과서에서는 궁예가 세운 나라를 후고구려라고 하기에 고개가 갸우뚱할지도 모르겠습니다.

우리는 고려를 왕건이 세운 나라로 알고 있습니다. 하지만 그에 앞서 궁예가 세운 나라 이름 또한 고려였습니다. 궁예는 왜 나라 이름을 '고려'라고 지었을까요? 아마도 자신이 고구려를 잇는다는 점을 드러내고 싶었을 것입니다. 그렇다면 고구려를 잇는데 왜 고구려가 아니라 고려라고 했을까요? 고구려에서 '구' 자를 뺀 이유가 무엇일까요?

실은 우리가 고구려라는 이름으로 알고 있는, 삼국 시대에 만주와 한반도에서 패권을 차지한 나라의 이름도 고려였습니다. 고구려라는 이름으로 세워지긴 했지만, 광개토대왕의 아들로 잘 알려진 장수왕이 국호를 '고려'로 바꾸었기 때문입니다. 그러니까 옛 고구려도, 궁예의 나라도, 왕건이 세운 나라도 전부 '고려'라는 이름을 사용한 것이지요. 다만 후대 사람들이 이를 쉽게 구분하기 위해 고구려, 후고구려, 고려라고 부르는 것입니다.

궁예가 고려라는 이름을 붙인 이유는 자신이 세운 나라가 '고구려를 잇는 나라'라는 정체성을 확실히 보여주기 위함이었습니다. 궁예는 많은 사람들 앞에서 이렇게 선언했습니다. "신라가 당나라와 함께 고구려를 멸망시켜서 평양의 옛 도읍에는 잡초만 무성하니 내가 그 원수를 갚겠다!"

신라의 왕자 출신이면서 고구려를 계승하는 것도 모자라 고구려를 멸망시킨 신라에 복수를 하겠다니, 무슨 일인가 싶기도 합니다. 이는 정치적 판단에서 비롯한 행동이었습니다. 고구려와 관계없는 인물인 궁예가 나라 이름을 고려로 짓고 고구려의 원수를 갚겠다고 하면서까지 고구려 계승의식을 드러낸 데는 그만한 이유가 있었습니다. 송악, 패서 등 경기 북부와 황해도 지역 호족들의 도움을 받아 건국을 한 만큼 그들의 호응을 얻어야 했던 것입니다. 그와 동시에 궁예는 '원수를 갚겠다'는 표현으로 신라에 대한 반감을 드러내면서 당시에 가득했던 반反신라적인 정서를 표현했습니다.

완산주 지방의 대호족이었던 견훤이 백제를 계승하는 후백제를 세운 것 또한 그 무렵의 일입니다. 궁예의 후고구려 건국으로 견훤의 후백제, 그리고 신라가 대립하며 한반도에 본격적인 후삼국 시대가 열리게 되었습니다.

나라를 세운 궁예는 다음 목표를 세웁니다. 후백제와 신라를 정복하고 삼국통일을 이루는 것이었지요. 궁예의 첫 공략지는 견훤의 후백제, 그중에서도 금성이었습니다.

오늘날 나주에 해당하는 금성은 궁예에게 있어서 무척 중요한 지역이었습니다. 중국과 통하는 해상 교통로이자 너른 평야가 펼쳐져 있는 땅이었으니까요. 이곳을 차지하면 후백제가 다른 지역과 무역하는 것을 차단하고 비옥한 곡창지대에서 나는 식량을 확보할 수 있었습니다. 또한 위아래 양쪽에서 동시에 후백제를 공격할 수 있다는 지리적 이점도 있었지요.

전략적 요충지 금성

전라도와 충청도 일대의 곡창지대를 기반으로 국력을 키워나가던 후백제는 막강한 세력을 자랑했습니다. 궁예는 신라를 싫어했지만, 힘이 떨어져가는 신라보다는 후백제를 먼저 견제해야 했지요. 903년, 궁예는 드디어 후백제 공격에 나섰습니다. 중요한 전투였기 때문에 역시나 믿을 만한 장수인 왕건에게 맡겼지요. 수군 총사령관이 된 왕건은 서해로 진격해서 금성 공격을 시작했습니다. 그 일대의 해상 세력들도 자진해서 같은 해상 세력인 왕건을 도우며 든든한 아군이 되어주었습니다. 그 도움에 힘입어 왕건은 금성 지역 군현 10개를 점령한 뒤, 그 지역에 나주라는 이름을 붙였습니다. 완벽한 승리였습니다.

27살 왕건은 궁예가 가장 신임하는 장수이자 후고구려 최고의 장수로 성장했습니다. 궁예는 왕건을 비롯한 장수들의 활약으로 후백제 영토의 일부까지 점령하며 하루가 다르게 세력을 넓히고 있었습니다.

강력한 왕권을
꿈꿨던 이유

후고구려는 삼국 중 가장 넓은 영토를 차지하며 승승장구했습니다. 모든 일이 순조롭게 흘러가는 듯했던 905년, 궁예는 돌연 천도를 선언합니다. 수도를 송악에서 철원으로 옮기겠다는 것이었지요. 개국한 지 4년밖에 되지 않았는데, 왜 갑자기 수도를 옮기겠다고 했을까요?

앞에서 말했듯 송악은 패서·패강 지역 호족들의 근거지로 그들의 입김이 셀 수밖에 없었습니다. 특히 왕건의 직접적인 근거지였지요. 송악에 있으면 아무리 왕이라도 자신의 마음대로 뜻을 펼치기가 어려웠습니다. 실제로 궁예는 내륙 교통을 이용해서 신라를 치려 했지만, 왕건과 같은 패서·패강 호족 세력은 해양 세력 확장을 위해 후백제를 먼저 치기를 원했습니다. 서로의 이상이 달랐던 것이지요. 그래서 궁예는 이 지역 호족들의 영향력을 분산시키려

한 것입니다. 송악을 떠나 철원을 수도로 삼고 왕인 자신이 주도권을 장악하겠다는 속내가 있었던 것이지요. 즉, 천도는 궁예가 왕권 강화를 위해 들고 나온 첫 번째 묘책이었습니다.

궁예는 호족이나 백성의 눈치를 보지 않고 자신의 뜻을 펼치는 데 박차를 가합니다. 본격적으로 도읍을 옮기기 전에 다른 지역 백성들을 철원으로 이주시키기까지 합니다. 궁예는 철원에 도성을 만드는 데에도 심혈을 기울였는데 현재 철원 평화전망대 앞에 그 흔적이 남아 있습니다. 천 년의 세월이 흐른 만큼 지금은 윤곽만 겨우 볼 수 있지요. 발굴 조사를 통해 복원된 모습에 따르면 당시 철원 도성의 면적은 외성을 기준으로 약 16제곱킬로미터라고 합니다. 여의도의 5.5배에 달하는 크기라니, 정말 어마어마한 규모임을 알 수 있습니다. 궁예의 궁궐도 상당히 호화롭고 사치스러웠다고 전해집니다. 이러한 기록만 봐도 새 수도와 궁궐에 얼마나 공을 들였는지 알 수 있

고궐리 석등 태봉국 철원성 내에 있는 석등. 기록에 따르면 석등 높이는 약 3.5미터이고, 팔각형의 옥개석을 사용했으며 문양이 화려했다. 한국 전쟁 이전에 붕괴된 것으로 추정된다. 국립중앙박물관 제공.

지요.

　그런데 이러한 궁예의 야심 찬 계획과 달리 철원 천도를 환영하는 사람은 별로 없었습니다. 화려한 도성을 짓는 데 필요한 비용과 노동력을 누가 감당했겠습니까? 재력 있는 호족들과 권력 없는 백성들이었겠지요. 호족들은 공사에 필요한 돈을 내야 하니 불만이고, 백성들은 농사 짓기도 바쁜데 공사 현장에 가서 일까지 해야 하니 불만이었습니다. 그러나 많은 이들의 원망과 비난에도 불구하고 궁예는 꿈쩍하지 않고 수도를 옮깁니다.

　이뿐만이 아니었습니다. 왕권 강화를 위한 두 번째 방법으로 국호를 바꾸기로 결정합니다. 901년 건국 당시 고려였던 국호는 904년에 마진摩震으로, 911년에는 태봉泰封으로 바뀝니다. '고려'라는 이름에는 고구려를 계승한다는 의지가 뚜렷해 보이지만, 바뀐 이름들에서는 고구려의 색깔을 찾아볼 수 없습니다. 고구려 계승의식을 지우려 한 것이죠.

　마진이라는 이름은 여러 뜻으로 해석할 수 있지만 보통 '대동방국大東方國', 즉 '동방의 대국'이라는 의미로 풀이합니다. 고구려라는 특정한 나라를 계승하는 것에서 벗어나 삼국통일이라는 큰 꿈을 담았던 것이지요. 국호를 태봉으로 바꿀 때는 연호를 수덕만세水德萬歲로 바꾸는데, 연호를 바꾸었다는 것은 나라의 체제를 새로 정비하려는 의지를 보인 것이라고 할 수 있습니다. 호족 세력을 제압하면서 전제적인 왕권을 만드는 수순이었던 것입니다.

폭주의 시작,
미륵불과 관심법

궁예는 점점 자신의 뜻을 강하게 밀고 나가기 시작합니다. 수도를 옮기고 국호를 바꾼 다음, 또다시 왕권을 강화할 수단을 꺼내 들었지요. 그 방법은 바로 신격화! 궁예는 자신을 미륵불彌勒佛이라고 칭하기 시작했습니다.

미륵불은 미래에서 현 시대로 와 중생을 구한다는 부처입니다. 불교 교리에 따르면 석가모니가 열반에 들고 수십억 년이 지난 뒤 중생을 구제할 존재가 세상에 나타나는데, 그 존재가 바로 미륵불입니다. 즉 궁예는 자신이 바로 미래에서 온 부처라고 한 것이죠.

궁예가 얼마나 신격화되기를 원했는지는 그의 행차 모습에서도 확인할 수 있습니다. 궁예의 행차가 있던 날, 백성들은 별난 광경을 마주합니다. 갈기와 꼬리를 비단으로 장식한 백마를 타고 나타난 궁예는 머리에 금색 두건을 쓰고 몸에는 승려들이 입는 가사를 걸친 모습이었습니다. 그게 끝이 아니었습니다. 깃발과 꽃을 든 아이들, 그리고 비구니 200명이 줄줄이 그 뒤를 따르고 있었지요.

그 모습을 본 백성들의 심정은 어땠을까요? 어떤 이는 신비롭게 여겼을 테고, 어떤 이는 두려워했을 것입니다. 사실 당시 대중들 사이에서는 이미 미륵 사상이 널리 퍼져 있었습니다. 신라 말기, 나라는 망해가고 먹고살기는 막막하니 비참한 현실에서 자신들을 구제해줄 존재가 나타나기를 바랐던 것입니다. 어린 시절 사찰에서 지냈던 궁예도 그 영향을 받았을 테지요. 그래서 왕이 된 이후 자신이 미륵이 되겠다고 생각했을 것입니다.

궁예 이전에도 왕즉불, 즉 '왕이 곧 부처'라고 이야기하며 왕권을 강화한 경우가 있었습니다. 궁예 역시 민심을 모으는 한편 호족 세력을 완전히 장악하기 위한 수단으로 미륵불이라는 카드를 가지고 나왔을 가능성이 큽니다. 문제는 궁예가 단순히 자신을 미륵불이라 칭하는 것에서 멈추지 않았다는 점입니다.

미륵불을 자처하며 신하들을 압박하던 궁예는 급기야 이런 말을 했습니다.

"나는 미륵 관심법을 쓸 수 있다. 그대들의 마음속을 다 들여다볼 수 있지. 만약 날 속이다가 관심법에 걸리면 큰 벌을 내리겠다."

'관심법觀心法'은 마음을 보는 방법이라는 뜻으로 본래 선종 불교에서 자신의 불성을 발견하려는 수양법을 말합니다. 하지만 궁예는 상대방의 몸가짐이나 표정으로 속마음을 알아내는 기술로 사용합니다. 더욱 강력한 왕권을 휘두르고 싶었던 궁예가 꺼내 든 결정적 수단이었죠. 이렇게 신하들에게 엄포를 놓은 궁예는 끔찍한 사건들을 일으키며 폭주를 시작합니다. 그 첫 번째는 승려를 때려 죽인 '철퇴 사건'입니다.

자신을 미륵불이라고 믿었던 궁예는 직접 20권이나 되는 불교 경전을 지었습니다. 그러나 승려들은 그 내용을 보고 경악할 수밖에 없었습니다. 기록에 따르면 궁예가 쓴 경전에는 요망하고 도리에 맞지 않는 말이 가득했다고 합니다. 하지만 궁예가 두려워 아무도 나서서 이야기하지 못했지요. 그때, 당시 명망이 높았던 승려 석총이 궁예의 잘못을 지적했습니다. 화가 난 궁예는 통제력을 잃고 철퇴로 석총을 내리쳐버립니다.

궁예의 폭주는 신하들뿐 아니라 백성들에게도 향했습니다. 《고려사》에 따르면 궁예는 터무니없이 많은 사람을 죽였다고 합니다. 관심법으로 부녀자들의 간통을 알 수 있다고 하면서 죄 없는 여자들을 쇠로 된 절굿공이로 죽이는 일이 빈번하게 일어났죠. 이 때문에 부녀자들의 원성이 자자했다고 합니다.

이런 말도 안 되고 끔찍한 만행들을 왜 저질렀을까요? 궁예가 내세운 미륵불이나 관심법은 그 자신을 신적인 존재로 만들기 위함이었습니다. 인정받을 만한 업적이나 통치 시스템이 아니라 초월적 존재를 자처함으로써 권위를 세우려 한 것이죠. 이렇게 스스로를 신격화하다 보면 사람들에게 맹목적인 믿음을 갖도록 강요할 뿐만 아니라, '잘못하면 나도 죽겠구나' 하는 공포심을 조장하게 됩니다. 언제 어떻게 죽임을 당할지 알 수 없으니 신하들 또한 궁예의 눈치를 보며 몸을 사리기 급급했습니다. 즉 궁예의 공포정치는 자신의 권력을 유지하기 위해 의도된 행위라고 볼 수 있습니다.

궁예는 관심법이란 이름 아래 사람을 마구잡이로 처형했습니다. 백성들은 큰 충격을 받았고, 민심은 급격히 악화될 수밖에 없었지요. 그렇다면 궁예의 심복이자 태봉의 이인자 왕건은 이때 어디서 무엇을 하고 있었을까요? 궁예의 폭정을 막을 수 없었던 왕건은 지방 근무를 자처해 나주로 내려갔습니다. 903년에 정복한 나주가 왕건이 철원으로 돌아온 뒤 후백제의 공격을 받고 있었거든요. 왕건은 영토를 지키겠다는 명분을 내세워 나주로 향합니다. 그리고 덕진포라는 곳에서 후백제의 견훤과 치열하게 맞붙었지요. 912년, 왕건은 적은 병사로 정면 돌파를 해서 후백제의 많은 배들을 불사르고 대승을 거두어 나주를 지켜냈습니다.

승전보를 들은 궁예는 왕건을 수도로 불러들였습니다. 그리고 왕 바로 아래이자 신하들의 우두머리라고 할 수 있는 직책인 '시중'에 임명했지요. 왕건은 궁예가 아끼던 장수에서 명실상부 태봉의 이인자가 되었습니다. 이를 보면 왕건을 향한 궁예의 총애가 얼마나 대단했는지 알 수 있습니다. 궁예가 가장 믿고 국사를 논의할 수 있는 사람이 왕건이라는 뜻이니까요. 궁예의 탄탄한 신임 아래, 태봉 내에서 왕건의 입지는 더욱 강해졌습니다.

궁예와 왕건 사이의 균열
둘로 나뉘는 태봉

왕건을 믿는 궁예와 여전히 자신의 왕인 궁예에게 충성을 다하는 왕건. 그러나 이 둘 사이에 미묘한 균열이 생기기 시작했습니다. 사건의 시작에는 아지태라는 이름의 간신이 있습니다. 아첨에 능하고 남을 잘 속이기로 소문이 자자한 사람이었지요. 아지태는 궁예가 남의 잘못을 알아내길 좋아한다는 사실을 눈치채고는 야비한 짓을 저지르기 시작했습니다. 같은 고향 출신 사람들을 모함한 것입니다.

아지태는 거짓으로 죄를 만들어서 궁예에게 고향 사람들을 팔아넘겼습니다. 모함을 받았던 사람들은 억울하다며 아지태를 고발했지만, 궁예는 아지태를 벌하지 않았지요. 이때 그들의 억울한 사연을 알고 해결해준 사람이 있었으니, 바로 태봉의 이인자 왕건이었습니다. 왕건은 아지태를 잡아들여 추궁했고, 마침내 거짓으로 남의 죄를 고했다는 자백을 받아냈습니다. 왕건 덕에 모함을 당했던 사람들은 누명을 벗게 되었죠.

아지태의 자백 이후 조정의 많은 사람들이 왕건을 따르기 시작했습니다. 군부의 장교, 궁예를 따랐던 호족, 지략가, 학자 등등이 직책을 가리지 않고 궁예를 떠나 왕건 곁으로 몰려들었지요. 왕건이 의도한 바는 아니었지만 일을 합리적으로 잘 처리했기 때문에 왕건의 지지 세력이 커지게 된 것입니다. 결과적으로 보면 왕건이 친궁예파인 아지태를 제거한 셈이고, 아지태의 자백은 친왕건파의 승리였기 때문에 이를 계기로 왕건의 정치적 입지가 높아집니다. 이렇게 태봉의 정치계는 궁예파와 왕건파로 나뉘었습니다.

궁예의 눈에도 이런 흐름이 보였을 것입니다. 이때를 기점으로 궁예도 왕건을 견제하게 되었겠지요. 심상치 않은 분위기를 감지한 왕건은 중앙 정계를 떠나 변방의 전쟁터로 돌아가겠다고 왕에게 간청했습니다.

"다시 나주로 내려가 지키고자 하니 허락해주옵소서."

궁예는 그 청을 흔쾌히 들어주었습니다. 왕건을 시중에서 해임하고 대신 수군을 통제하는 백선 장군에 임명했지요. 그 길로 철원을 떠난 왕건은 지역 수비에 힘을 쏟았습니다. 나주를 안정시키는 왕건의 활약을 보면서 궁예는 "나의 여러 장수들 중에 왕건만 한 사람이 없다"며 크게 칭찬했다고 합니다. 아지태 사건으로 위기를 맞을 뻔했던 궁예와 왕건의 사이는 다시 굳건해지는 듯했습니다.

그러나 평화는 오래가지 못하고 궁예와 왕건 사이를 갈라놓는 결정적 사건이 일어났습니다. 궁예가 자신의 최측근인 왕건을 의심하기 시작한 것이죠. 어느 날, 왕건은 갑자기 궁예의 부름을 받고 궁으로 들어갑니다. 궁예는 처형당한 사람에게서 몰수한 금은보화를 보고 있었습니다. 그것들을 찬찬히 살펴보던 궁예는 갑자기 성난 눈으로 왕건을 노려보고는 이렇게 물었지요.

"그대가 어젯밤에 사람들을 모아서 반란을 일으키려고 했는데, 어째서인가?"

갑작스러운 질문에 왕건은 당황했을 것입니다. 하지만 침착하게 대답했습니다.

"어떻게 그런 일이 있을 수 있겠습니까."

궁예는 의심을 멈추지 않았습니다.

"경은 나를 속이지 말라! 나는 마음을 볼 수 있다. 내가 이제 경의 마음을 볼 것이다."

궁예가 왕건에게 관심법을 사용하겠다고 한 것이지요. 궁예는 눈을 감고 뒷짐을 진 채 하늘을 바라보았습니다. 왕건의 심정은 말이 아니었을 것입니다. 만일 궁예가 왕건이 반란을 일으키려 했다고 우긴다면 왕건은 꼼짝없이 죽은 목숨이었으니까요. 그런 적이 없다고 항변한들 자신이 사람의 마음을 읽는다고 주장하는 궁예에게 통할 리 없었습니다.

생사가 달린 절체절명의 순간, 어찌할 줄 모르고 엎드려 있던 왕건 앞으로 붓 한 자루가 굴러왔습니다. 궁예의 측근인 최응이 떨어뜨린 붓이었습니다. 최응은 천천히 왕건의 옆으로 다가가 고개를 숙이고 붓을 주웠습니다. 그러면서 왕건의 귀에 빠르게 속삭였지요.

"자복하지 않으면 위험합니다."

붓을 떨어뜨린 척하면서 목숨을 구할 묘수를 알려주었던 것입니다. 그 말을 들은 왕건은 곧바로 "제가 반역을 꾀하였으니 그 죄가 죽어 마땅합니다!"라고 소리쳤습니다. 왕건의 말을 들은 궁예의 반응은 어땠을까요? 궁예는 호탕하게 웃었습니다.

"경은 참 정직하다."

그러면서 금과 은으로 만든 말안장과 고삐를 선물로 주었습니다. 궁예는 마지막으로 왕건을 향해 이렇게 말합니다.

"경은 다시는 나를 속이지 마시오."

그렇게 왕건은 목숨을 건질 수 있었습니다. 궁예의 측근 최응의 도움이 없었다면 억울하게 처형당했을 수도 있었겠지요. 이는 궁예 바로 옆을 지키던 대신조차 왕건 편으로 돌아섰음을 보여주는 사건입니다.

이렇듯 시험까지 해보았지만 결국 궁예는 왕건의 속마음을 정확히 알 수 없었습니다. 관심법으로 사람의 속내를 읽을 수 없었기에 왕건의 마음 역시 읽을 수 없었던 것입니다.

폭발한 민심, 왕건을 찾아가다

최측근인 왕건까지 의심하기에 이른 궁예는 자꾸만 커지는 불안감을 떨쳐내려는 듯 공포정치를 강화했습니다. 날마다 사람들이 죽어나갔지요. 궁예의 폭정을 보다 못한 부인 강씨는 울면서 남편에게 간청했습니다.

"옳지 않은 일을 그만하십시오!"

궁예는 불같이 화를 내더니 갑자기 부인에게 죄를 물었습니다.

"나는 부인이 다른 남자와 바람 피운 것을 알고 있소."

관심법으로 부인의 외도를 알아냈다는 것이지요. 강씨는 절대 그런 일이 없다고 말했지만 궁예는 그 말을 듣지 않았습니다. 추국 장에서 부인을 신문한 궁예는 유죄를 내리고, 결국 강씨는 처형당 하고 맙니다. 기록에 따르면 불에 달군 쇠방망이로 음부를 찔러 죽 였다고 전해지니 너무나도 끔찍한 죽음이지요. 궁예는 부인에 이 어 두 아들까지 잔인하게 때려 죽였습니다. 가족까지 죽이는 만행, 이는 궁예를 폭군으로 기억되게 만든 결정적인 사건이라 할 수 있 습니다.

궁예는 왜 천륜을 저버리면서까지 폭주하게 된 것일까요? 궁예 가 아내를 죽인 데에는 정치적인 의도가 숨어 있다는 의견이 많습 니다. 부인 강씨는 유력한 호족 집안의 딸이었고, 패서·패강 호족 들의 입장을 대변하는 역할을 했던 것으로 보입니다. 따라서 궁예 가 단순히 화가 나서 욱하는 마음에 강씨를 죽였다기보다는, 궁예 와 호족 사이의 권력 다툼 과정에서 쌓인 정치적 갈등이 비극적인 결과를 낳은 것이라고 볼 수 있습니다.

궁예의 폭정이 계속되던 918년 6월, 마침내 궁예를 향한 태봉국 전역의 민심이 폭발하게 됩니다. 6월 14일 늦은 밤, 장수 4명이 누 군가의 집을 찾아가 문을 두드렸습니다. 그 집의 주인은 다름 아닌 왕건! 그들은 왕건에게 간곡히 청합니다.

"지금의 왕은 정사를 돌보지 못하고 형벌도 함부로 하며 처자를 살육하고 신하들을 죽이니 백성들이 그를 원수처럼 미워합니다. 바라건대, 폭군을 물리쳐주십시오."

왕의 폭정을 더 이상 참지 못하겠으니 혁명을 일으키자는 것이었습니다. 그들에게는 궁예를 죽이고 새로운 나라를 세워줄 진짜 왕이 필요했습니다. 그들이 선택한 왕이 바로 왕건이었지요.

하지만 왕건은 장수들의 청을 완강히 거부했습니다. 아무리 포악해도 충심을 가져야 할 신하가 군주를 칠 수는 없다는 이유였습니다. 장수들과 왕건이 팽팽히 맞선 그 순간, 왕건의 부인 유씨가 갑옷을 들고 왔습니다.

"대의를 세우고 폭군을 갈아내는 것은 옛날부터 있던 일입니다. 지금 여러 장군의 의견을 들으니 저도 화가 나는데, 대장부가 가만히 있으실 겁니까?"

유씨 부인은 왕건에게 갑옷을 입혔고, 왕건은 그제야 모두의 뜻을 따르기로 결심했습니다. 혁명은 이렇게 시작되었습니다.

왕건이 집을 나서자, 궁 앞에서 북을 치며 떠들썩하게 왕건을 기다리던 자가 무려 만 명에 이르렀다고 합니다. 궁예가 얼마나 민심을 잃었는지 알 수 있는 대목입니다. 실제로 왕건이 궁에 도착하자 바로 성문이 열렸고 궁은 왕건을 맞이할 준비를 끝냈습니다. 왕건은 피를 흘리지 않고 혁명에 성공하게 되지요. 그리고 다음 날 철원성에서 고려 건국을 선포했습니다. 918년, 우리가 흔히 알고 있는 왕건의 고려가 이렇게 세워지게 됩니다.

연천 숭의전지 내 고려 태조 위패 내부 숭의전지는 고려 태조를 비롯한 4왕과 고려조의 충신 16인
의 위패를 모시던 숭의전이 있던 자리이다. 태조 위패 내부에는 왕건의 초상화가 모셔져 있다. 문화
재청 제공.

　어쩌면 어느 시점부터 왕건은 역모를 계획했을지도 모릅니다.
기록에 따르면 궁예의 의심을 산 적도 있고, 왕건에게 우호적인 관
료 세력이 그의 곁에 모여든 것 또한 사실이니까요. 하지만 고려
입장에서는 궁예의 폭정을 더는 방치할 수 없어서 왕건이 정변을
일으켰다는 이미지를 만들어야 했을 것입니다. 만일 왕건에게 역
모 계획이 있었다고 하더라도 기록으로 남기긴 어려웠겠지요. 이
런 고려의 기록으로 인해 왕건은 충신으로서 본분을 지키려고 끝

까지 노력한 동시에 백성들을 위해서 폭군을 몰아낸 현명한 인물이 되었습니다. 두 마리 토끼를 다 잡은 셈입니다.

울음소리와 한탄이
가득한 최후

왕건의 고려가 탄생한 순간, 궁예는 어디에 있었을까요? 《삼국사기》와 《고려사절요》를 통해 궁예의 마지막 모습을 그려볼 수 있습니다.

궁예는 아무것도 모른 채 침전에 누워 있다가 왕건이 쳐들어오고 있다는 사실을 알게 되었습니다. 나인 하나가 헐레벌떡 들어와 소식을 전했던 것이지요. 어찌할 줄 모르던 궁예는 초라한 행색으로 궁을 빠져나가 숲속에서 이틀 밤을 헤맵니다. 그 뒤, 배고픔에 못 이겨 보리 이삭을 주워 먹던 중 주민들에게 발각되어 살해당했다고 합니다.

강원도 철원의 명성산은 궁예의 마지막에 대한 전설이 내려오는 곳입니다. 명성산의 또 다른 이름은 울음산인데, 왕건에게 쫓겨난 궁예와 부하들이 산이 떠나갈 듯 울었다고 해서 그런 이름이 붙었다고 하지요. 그 옆에 위치한 한탄강 또한 궁예가 도망가면서 자신의 운명이 다했음을 한탄했던 곳이라 그리 부르기 시작했다는

함남안변 전 궁예묘 궁예의 묘라고 전해지는 함경남도 안변에 있는 건물의 전경 사진. 1913년 촬영. 국립중앙박물관 제공.

전설이 있습니다. 한때 궁예가 살았던 지역에서는 이처럼 굽이굽이마다 궁예에 관한 전설이 전해지고 있습니다.

세상 모든 사람의 마음을 읽을 수 있는 미륵불이라고 자부했던 궁예의 말로는 참 쓸쓸했습니다. 그렇게 궁예는 제대로 된 무덤 하나 없이 역사에서 퇴장하게 되었습니다. 분명 한때 궁예는 세상을 호령하던 장군이었습니다. 큰 뜻을 품고 나라를 세운 야심 찬 면모도 있었지요. 왕건이 고려를 세운 뒤에도 궁예를 지지하는 세력이 있을 정도였습니다. 심지어 고려마저도 궁예를 전 왕조의 '대왕'으로 칭하고는 했습니다.

그럼에도 왜 우리는 궁예를 폭군으로만 기억할까요? 궁예에 대한 기록을 살펴보면 통치 전반과 통치 후반의 모습이 다릅니다. 특히 후반부는 왕건이 정변을 일으켜 고려를 세울 즈음인데, 궁예에 대한 모든 기록은 고려 시대에 적힌 것이니 왕건이 일으킨 정변의 정당성을 확보하려면 폭군의 이미지가 더 강조되는 것이 좋겠지요. 궁예의 삶과 죽음 또한 상당 부분 역사의 승자인 고려 시점에서 쓰였을 것입니다. 미치광이 폭군의 이미지 또한 후대 사람들에 의해서 좀 더 자극적으로 기록되었을 가능성이 있습니다. 한쪽에 치우친 기록이라고 해서 통치 후반 사람들을 떨게 만들었던 궁예의 난폭함을 부정할 수 있는 것은 아니겠지요. 다만 궁예를 하나의 시각에 가두기보다 조금 더 입체적인 인물로 생각해보면 어떨까 싶습니다.

강진 무위사 선각대사편광탑비 고려 초에 선각대사를 기리기 위해 세운 탑비. 탑의 비문에는 태봉의 대왕이 나주 지역을 공략해 큰 성과를 거둔 것으로 나오는데, 여기서 대왕이라 불리는 사람은 왕건이 아닌 궁예이다. 문화재청 제공.

한때 한반도에서 가장 넓은 영토를 다스리던 태봉의 왕, 궁예. 분명한 것은 그가 자신의 관심법으로 상대방의 마음을 읽을 수 있다고 했을지언정 이는 허무맹랑

한 아집과 독선에 불과한 것이었다는 점입니다. 자신을 몰아낸 최측근 왕건의 마음 하나 읽지 못했기 때문이죠. 주변과 세상을 향해 귀를 닫으면 어떤 참담한 결과를 맞이하게 되는지 우리는 궁예의 최후를 통해서 확인할 수 있습니다.

좋은 지도자라면 궁예와 반대로 눈을 크게 뜨고 세상을 살피며 여러 목소리에 귀를 기울여야 할 것입니다. 백성들이 잘 먹고, 잘 자고, 잘 사는지 관심을 가지려고 애쓰는 마음. 그것이 진정한 리더의 관심법 아닐까요?

3장

멸 거 멸 은
마 지 막 왕

이도학(한국전통문화대학교 융합고고학과 교수)

의자왕은 어쩌다 백제의 마지막 왕이 되었나

〈한국을 빛낸 100명의 위인들〉이라는 노래 아시나요? 100명의 위인들을 그들의 주요 행적과 함께 소개하는 이 노래는 초등학교 교과서에도 실려 있어서 많은 분들이 '아름다운 이 땅에 금수강산에~'로 시작하는 첫 구절을 기억하실 것입니다. 이 노래의 1절은 고조선부터 시작해 삼국 시대까지의 위인들을 소개하는데, 끝날 때쯤 '삼천 궁녀 의자왕'이라는 가사가 나옵니다.

자세한 내막은 몰라도 백제의 마지막 왕인 의자왕이 삼천 궁녀를 거느리며 사치와 향락에 빠져 나랏일을 돌보지 않았다는 이야기는 노래 가사에도 등장할 정도로 유명합니다. 백제의 마지막 도읍지였던 충청남도 부여군에 위치한 부소산 낙화암에는 삼천 궁

부여 고란사 극락보전 벽화 고란사는 낙화암 아래 자리 잡은 사찰로 고려 현종 때 삼천 궁녀의 넋을 위로하기 위해 세워진 것이라는 이야기가 있다.

녀가 앞다투어 몸을 던졌다는 전설이 전해져오고 있고요.

그래서일까요? 고란사 극락보전에는 낙화암에서 뛰어내리는 궁녀들을 그린 벽화가 있습니다. 궁녀들은 두려움을 이기기 위해 눈을 가리거나 치마를 덮어쓴 채 몸을 던집니다. 말을 탄 군사들이 그녀들을 향해 달려오고, 저 멀리 화염에 휩싸인 건물도 보입니다. 그림 속 이날은 660년 7월, 700년 역사의 백제가 멸망하던 날이었습니다.

하지만 놀랍게도, 낙화암에서 삼천 궁녀가 뛰어내렸다는 이야기는 가짜 뉴스입니다. 삼천 궁녀 자체가 존재하지 않았지요. 7세기 백제의 수도 사비성에는 5만 명에서 6만 명 정도의 백성이 살고 있었던 것으로 추측됩니다. 궁녀가 3천 명이라면 도성 인구 20분의 1이 궁녀였다는 이야기인데, 납득하기 어렵죠. 게다가 역사 기록 어디에도 의자왕과 삼천 궁녀 이야기는 나오지 않습니다.

의자왕이 백제의 멸망을 가져온 것은 사실이지만, 한편으로는 백제의 새로운 부흥기를 이끌었던 왕이기도 합니다. 오히려 나가는 전쟁마다 승리를 거둔 정복 군주이기도 했지요. 의자왕이 재위할 당시는 백제와 고구려, 신라가 서로 치열하게 대립하던 삼국 시대였습니다. 의자왕은 즉위 초부터 신라를 노리고 치열하게 공격했습니다. 백제에게 신라는 결코 잊어서는 안 되는 복수의 대상이었기 때문입니다.

하지만 복수는 곧 또 다른 복수를 낳는 법. 의자왕은 복수에 성공함으로써 김춘추, 그러니까 신라의 제29대 왕인 태종무열왕과 길고도 오랜 악연을 맺게 됩니다. 그리고 결국 그 깊은 악연 때문에 백제는 멸망의 길을 걷게 되었지요. 두 사람 사이에는 도대체 무슨 일이 있었던 걸까요? 700여 년의 역사를 가진 백제가 하루아침에 무너지게 된 진짜 이유는 무엇일까요? 지금부터 의자왕과 김춘추, 두 사람 사이에 숨겨진 이야기를 벗겨보려 합니다.

40여 개의 성을 함락한 능력 있는 왕의 등장

먼저 의자왕이 백제의 31대 왕으로 즉위하던 641년으로 가보

7세기 중반 삼국 시대

죠. 이 시기는 고구려, 백제, 신라 세 나라가 지도에서 보이는 것처럼 국경을 맞대고 싸우던 혼돈의 시대였습니다. 특히 백제가 가장 경계하던 나라는 신라였습니다.

642년, 의자왕은 왕으로 즉위한 지 1년 4개월 만에 신라와의 전쟁을 선포하고 직접 전장에 나섭니다. 그리고 직접 군사를 이끌고 나간 첫 전투에서 대승을 거두었습니다. 경상남도에 있던 것으로 추정되는 신라 서쪽의 미후성을 비롯해 무려 40여 개에 이르는 성을 함락한 것입니다.

> "가을 7월에 왕이 직접 군사를 거느리고 신라를 침공하여 미후성 등 40여 성을 함락시켰다."
>
> 《삼국사기》 백제본기 28권, 의자왕 2년(642) 7월

이것이 얼마나 대단한 성과인지는 우리 역사의 대표적인 정복 군주라 할 수 있는 고구려 광개토대왕의 업적과 비교해보면 짐작할 수 있습니다. 광개토대왕이 평생에 걸쳐 백제에게서 빼앗은 성

의 숫자가 64개입니다. 그런데 의자왕은 단 한 번의 전투로 40여 개의 성을 빼앗고 현재 경남지역을 석권해 신라를 압박한 것입니다. 성마다 규모가 다르고 그 외에도 여러 차이가 있을 것이기에 단순 비교는 어렵겠지만, 즉위한 지 얼마 되지 않은 왕이 거둔 성과로는 분명 엄청난 결과였죠. 의자왕의 갑작스러운 등장은 신라에게 공포를 안겼습니다.

백제 왕실 대대로 이어진
신라를 향한 원한

그런데 삼국이 접전을 벌이던 시대에 왜 백제는 이토록 신라만 집중 공격했던 것일까요? 국경을 맞대고 있다는 지리적 위치보다 더 중요한 까닭이 있었습니다. 가문 대대로 이어져 내려온 복수심 때문이었죠. 신라에 대한 백제의 원한은 무려 의자왕의 4대조 할아버지 때 생긴 것으로, 그 시작은 나제동맹에서 출발합니다.

신라의 '나'와 백제의 '제', 즉 신라와 백제가 맺은 동맹을 나제동맹이라고 합니다. 의자왕 시기에 백제와 신라는 앙숙 관계였지만, 그보다 200여 년 앞선 433년에는 서로 동맹을 맺을 만큼 돈독했습니다. 사실, 두 나라가 가깝게 지낼 수밖에 없는 이유가 있었죠. 고구려의 힘이 너무 강했기 때문입니다.

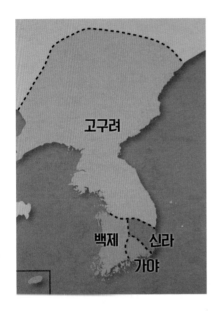

5세기 삼국 시대

5세기는 고구려의 전성기였습니다. 앞의 7세기 지도와 비교해보면 고구려의 힘이 얼마나 강했는지 느껴집니다. 고구려는 한강 유역 이남까지 진출해 한반도 영토 대부분을 차지했습니다.

우리나라 역사에서 한강 유역은 언제나 중요한 자리를 차지했습니다. 한반도 중앙에 위치해 어디로든 뻗어나갈 수 있어 교역이 쉬워지는 것은 물론, 풍부한 물과 비옥한 토지로 농사짓기에도 안성맞춤이니까요. 고구려의 장수왕은 남진 정책을 본격적으로 추진하기 위해 수도까지 국내성에서 평양으로 옮겼습니다.

그 사실을 알게 된 백제와 신라는 손을 잡고 고구려에 공동 대응하기로 약속했습니다. 고구려를 견제하려 군사동맹을 맺은 것이지요. 동맹 내용은 고구려가 신라를 공격하면 백제가 출동해서 도와주고, 고구려가 백제를 공격하면 신라가 백제를 도와준다는 것입니다. 그리고 한강 유역을 탈환할 경우 신라는 한강 상류를, 백제는 한강 하류를 갖기로 했죠.

동맹을 맺은 지 약 120년이 지나서야 두 나라는 고구려를 공격합니다. 백제의 성왕과 신라의 진흥왕이 힘을 합쳐 고구려를 밀어내고 그토록 바라던 금싸라기 같은 한강 유역을 되찾았지요. 그런데 그와 동시에 무려 120년 동안 이어져온 나제동맹이 깨지는 일이 발생합니다. 한강 유역 땅 전체를 탐낸 신라가 이 지역을 독차지하기 위해 백제를 배신한 것입니다. 동맹 내용과 달리 신라는 한강 하류까지 점령해버립니다. 이로써 나제동맹은 깨지고 두 나라는 원수가 되었습니다.

신의를 저버린 행동에 복수를 다짐한 백제는 신라로 쳐들어갔습니다. 군사들을 격려하기 위해 성왕도 함께 길을 나섰지요. 아무것도 보이지 않는 깜깜한 밤에 성왕과 군사들은 지금의 충북 옥천에 있는 관산성에 도달했습니다. 그런데 바로 그때! 성왕 주변으로 말발굽 소리가 들려오기 시작했습니다. 성왕은 당황하여 급하게 주변을 살폈고, 그제야 그의 눈에 매복하고 있던 신라의 군사들이 들어왔습니다.

신라군의 야간 기습에 성왕과 백제군은 속수무책으로 당할 수밖에 없었습니다. 결국 신라군에 사로잡힌 성왕은 참수형을 당하고 맙니다. 한 나라의 왕을, 목을 자르는 형벌인 참수형에 처한 것도 충격적인데 신라군은 이에 만족하지 않았습니다. 성왕의 유해를 처리한 방식이 더욱 충격적이었죠.《일본서기》의 기록에 따르면 성왕의 머리를 신라 궁궐 계단 아래에 묻어버렸다고 합니다. 왕

6세기 삼국 시대

의 유해를 돌려주지도 않고, 매일 수많은 사람들이 드나드는 궁궐 계단에 묻다니요? 많은 사람이 백제 왕의 머리를 밟고 다니게 만든 것입니다.

성왕은 도읍을 웅진에서 사비로 옮기고 왕권을 강화시키며 백제의 중흥기를 이끈 인물이었습니다. 일본에 불교를 전파해 살아 있는 부처라는 평가를 받을 만큼 해외에 이름을 날렸던 인물이기도 합니다. 성왕의 '성聖' 자 역시 거룩하고 성스럽다는 의미이지요. 그렇게 대단한 왕이 배신을 당해 하루아침에 죽은 것도 억울한데 유해까지 치욕적으로 처리했으니, 백제인들로서는 절대 잊을 수 없는 사건일 것입니다. 이로써 신라는 백제의 철천지원수가 됩니다.

즉위하자마자 신라를 공격해 복수를 시작했던 것을 보면, 의자왕은 집안 대대로 내려오던 가문의 원한을 가슴에 품고 있었던 것 같습니다. 하지만 이렇게 왕이 되어 성공적으로 복수를 시작하기까지, 의자왕은 오랜 시간을 견뎌야만 했습니다.

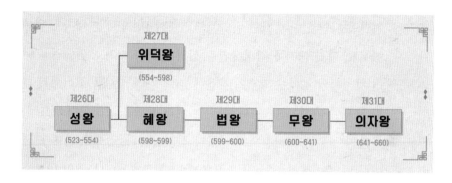

백제 왕의 계보

훌륭한 성품에도
태자 책봉이 늦어진 이유

왕이 되자마자 자신의 능력을 보여주며 삼국에 존재감을 알린 의자왕은 백제 무왕의 적장자였습니다. 그런데 의자왕은 왕이 되기까지 긴 인고의 시간을 보내야 했습니다. 왕은커녕 태자가 되기까지도 오랜 시간이 걸렸지요. 군사적 재능도 있고 적통성도 있는데 왜 왕위에 오르는 길이 순탄하지 않았을까요? 의자왕이 태자가 된 것은 아버지인 무왕이 즉위하고 무려 33년이 흐른 뒤인 632년의 일이었습니다. 당시 의자왕은 30대 후반이었을 것으로 봅니다.

태자는 다음 왕이 될 후계자이니, 왕조 국가에서는 국정을 안정시키기 위해 태자 책봉을 서두르는 경우가 많았습니다. 아들이 있기만 하다면 왕이 즉위한 뒤 보통 3년에서 4년 안에는 태자로 책봉했지요. 다만 태자를 결정하면 자신의 자식을 태자로 만들려는 여러 왕비들의 로비도 멈추기 때문에 때에 따라 상황을 고려해서 태자 책봉이 이루어졌습니다. 하지만 여러 상황을 고려한다 해도 의자왕의 경우는 이례적으로 너무나 길었습니다. 검증대 위에 33년이나 있었던 셈이죠. 서자 출신도 아닌데 그렇게 뒤늦게야 비로소 태자로 책봉되었으니 이런 일이 드물기도 하거니와 당시 상식에 어긋나는 일이었습니다.

의자왕의 태자 책봉은 왜 이렇게 늦어졌을까요? 혹시 의자왕에게 무슨 문제가 있었던 것은 아닐까요? 당시 의자왕의 모습을 유추해볼 수 있는 기록을 살펴보겠습니다.

"의자왕은 무왕의 맏아들로서 씩씩하고 용감하며 대담하고 결단성이 있었다. 부모에게 효도하고, 형제와 우애가 있어서 당시에 해동증자海東曾子라고 불렸다."

《삼국사기》 백제본기 28권, 의자왕 원년(641) 3월

해동은 바다 발해(현재의 보하이만)의 동쪽, 즉 우리나라를 가리키는 말이고 증자는 공자의 수제자로 중국에서 효를 상징하는 인물입니다. 해동증자란 곧 우리나라 최고의 효자라는 뜻이지요. 바다 건너 당나라에까지 소문이 퍼졌을 정도니, 의자왕이 얼마나

효자였는지 짐작할 수 있습니다. 효심이 깊다는 것은 그 시절 백제에서 최고의 칭찬이기도 했습니다.

이뿐만이 아닙니다. 의자왕義慈王의 한자를 풀이하면 의롭고 자비롭다는 뜻입니다. 기록으로 보나 이름으로 보나 굳센 성품과 효심까지 갖춘 훌륭한 왕자였는데, 왜 이렇게 늦게 책봉된 것일까요? 이유는 단 하나, 출생의 비밀 때문이었습니다. 그 비밀을 캐기 위해서는 시간을 조금 거슬러 올라가야 합니다.

의자왕이 태어나기 전, 신라에는 아름답고 지혜롭기로 유명한 여인이 있었습니다. 그 여인은 신라 왕의 셋째 딸 선화공주였지요. 선화공주에 대한 소문은 이웃 나라 백제에까지 퍼졌고, 마를 캐서 팔던 소년 서동이 그 소문을 듣게 됩니다. 신라로 건너간 서동은 자신이 캔 마를 아이들에게 나누어주면서 노래를 하나 알려주었지요. 이 노래가 바로 현존하는 가장 오래된 향가 〈서동요〉입니다.

"선화공주님은 남몰래 사귀어두고 맛둥 도련님을 밤에 몰래 안고 간다."

향가는 향찰로 표기된 우리말 노래를 뜻합니다. 노랫말인 만큼 쉽게 익힐 수 있고, 그러니 금방 퍼지게 되겠지요. 서동에게 마를 받은 아이들이 매일 경주 일대를 돌아다니면서 이 노래를 부르니 어느덧 왕실에까지 그 소리가 들렸습니다.

신라 왕실은 발칵 뒤집어졌습니다. 가사가 충격적이었으니까요. 맛둥 도련님은 맛동방 혹은 서동방이라고도 하는데, 마를 파는 소년 서동을 말합니다. 몰래 안고 간다는 건 남몰래 정을 통한다는 뜻이고요. 그러니까 선화공주가 밤마다 서동과 몰래 만난다는 내용입니다. 서동이 거짓으로 자신과 선화공주의 염문설을 퍼뜨린 것이지요.

시집도 가지 않은 딸이 밤에 남자를 만난다는 소문이 퍼지자 신라 왕은 크게 화를 냈습니다.

"선화공주를 당장 궁궐에서 내쫓아버려라!"

아버지의 명령에 오갈 데 없이 쫓겨난 선화공주는 소문의 주인공 서동을 찾아갔고, 그와 결혼했습니다. 그리고 서동의 고향인 백제로 가서 살게 되었지요. 이 이야기에 등장하는 서동이 바로 의자왕의 아버지이자 훗날 백제 제30대 왕이 되는 무왕입니다. 선화공주가 바로 의자왕의 어머니였던 것이죠.

그런데 백제에게 신라는 어떤 나라였습니까? 복수의 대상이었죠. 그러니 신라 출신 왕비에게서 태어난 왕자의 입지는 약했을 것입니다. 사실 의자왕 어머니에 대해서는 학자들 사이에서도 의견이 분분하지만 선화공주라고 보는 시각이 많습니다. 태자 책봉이 늦은 것이 어머니의 출신 때문이지 않았을까 추측하는 것이지요.

의자왕이 30대 후반의 늦은 나이에 태자가 된 또 다른 이유를 찾자면 그의 태자 책봉을 방해한 인물의 존재를 들 수 있습니다. 즉, 의자왕에게 왕위를 두고 다툰 경쟁자가 있었다는 말입니다. 그 존재는 바로 사탁왕후의 아들입니다.

사탁왕후는 의자왕이 장성한 뒤 무왕이 새로 맞이한 아내입니다. 사탁씨는 백제의 대표적인 귀족 가문 8곳 중 하나로, 그중에서도 가장 힘이 센 집안이었습니다. 사탁왕후는 무왕과의 사이에서 아들을 낳았는데, 당연히 자신의 친아들이 왕이 되기를 바랐을 것입니다. 그러기 위해 의붓아들을 견제했을 테고요.

만일 사탁왕후가 의자왕의 어머니였다면 의자왕이 태자 자리에 오르기까지 그토록 오랜 시간이 걸렸을 리 없습니다. 사탁왕후의 친아들은 의자왕에게 막강한 경쟁자였을 것입니다. 학계에서도 계모인 사탁왕후가 견제하는 바람에 의자왕이 뒤늦게 태자가 되었을 것으로 추측하는 의견이 많습니다.

익산 미륵사지 석탑에서 발견된 금제사리봉안기를 살펴보면 의자왕과 사탁왕후의 관계를 엿볼 수 있습니다. 이는 사탁왕후가 탑

익산 미륵사지 석탑(좌, 문화재청 제공), 석탑에 부장된 금제사리봉안기(우, 국립익산박물관 소장)

을 세우면서 빌었던 소원을 적은 기록인데, 축원의 대상으로 적힌 이는 오로지 남편 무왕뿐이고 아들이라고 볼 수 있는 의자 태자에 대해서는 어떤 기원도 올리지 않았습니다. 이러한 경우는 이 봉안기가 유일합니다. 사탁왕후는 의자 태자의 친어머니가 아니기 때문에 자신이 낳은 아들을 태자로 책봉하고 싶었을 테고, 그러니 형식적으로라도 의붓아들인 의자 태자를 축원하고 싶지 않았던 것이겠지요.

이런 복잡한 상황 속에서 아버지는 왕이 된 지 33년이 지나도록 자신을 태자로 책봉하지 않으니 의자왕은 많이 불안했을 것 같습니다. 수많은 견제 속에서 살아남으려면 항상 반듯한 행실로 좋은 평판을 유지했어야겠지요. 해동증자의 효심은 어쩌면 살아남기 위한 의자왕의 생존 전략이었을지도 모릅니다.

설욕의 승리를 거둔 대야성 전투

30여 년을 기다려 태자로 책봉된 의자왕은 무려 9년의 시간을 더 보낸 뒤에야 왕위에 오릅니다. 641년에 무왕이 죽은 후의 일이지요. 이때 의자왕은 40대 중반의 나이였습니다. 어렵게 왕좌에 오른 후에는 저돌적으로 신라를 공격하며 자신의 계획을 실행에 옮겼습니다. 신라의 성을 40여 개나 빼앗는 성과를 올렸지만, 이에 만족하지 않았습니다. 의자왕의 다음 계획은 신라의 대야성을 손에 넣는 것이었습니다.

신라

사비
(부여)

서라벌(경주)

백제

대야성

국경지대에 위치한 대야성

대야성은 지금의 경상남도 합천 지역으로, 신라와 백제의 경계에 위치해 있었습니다. 이곳이 함락당하면 수도까지 공격해오는 것은 시간 문제였기 때문에 신라 입장에서는 꼭 지켜야만 하는 전략적 요충지였죠. 그래서 신라는 대야성을 지키는 성주 자리에도 중요한 인물을 앉혔습니다. 백제군 입장에서도 대야성은 신라의 수도 경주로 향하는 길목을 열어주는 곳이었으니 꼭 차지해야만 했습니다.

처참하게 죽은 성왕의 복수를 위해 칼을 든 백제와 수도 코앞까지 다가온 백제군의 진격을 막아야만 하는 신라. 대야성 전투는 그야말로 두 나라의 자존심이 걸린 싸움이었습니다. 정말 치열했겠죠? 하지만 예상외로 승패는 금세 판가름이 났습니다. 백제가 너무나도 쉽게 승리를 거둔 것이죠. 어떻게 이런 일이 가능했을까요? 여기에는 숨겨진 내막이 있습니다.

대야성을 지키던 신라 장수 검일이 첩자가 되어 백제를 도와준 것입니다. 검일은 백제군과 내통해서 대야성의 식량 창고 위치를 알려주었고, 백제군은 그곳에 불을 질러 신라군의 식량 공급을 차단해버림으로써 전투의 승기를 잡았습니다. 검일은 왜 백제를 도와줬을까요? 대야성의 성주인 김품석이 검일의 사랑하는 아내를 강제로 빼앗았기 때문입니다. 부하 장수에게 앙심을 품게 한 대가로 대야성의 성주 김품석은 항복할 수밖에 없었고, 대야성 전투는 백제군의 승리로 돌아갔습니다.

> "장군 윤충을 보내 군사 만 명을 거느리고 신라 대야성을 공격하였다. 성주 품석이 처자와 함께 나와 항복하자 윤충이 모두 죽이고 그 머리를 베어 왕도로 보냈으며(…)"
>
> 《삼국사기》 백제본기 28권, 의자왕 2년(642) 8월

의자왕은 윤충이라는 장군을 보내서 김품석 부부의 목을 베어버립니다. 이미 항복했는데 이렇게까지 할 필요가 있나 싶지만, 성주 김품석과 그의 아내는 신라의 최고 권력자와 아주 가까운 사이였습니다. 즉 의자왕에게는 조상이 겪은 치욕을 돌려줄 기회였던 것이지요. 목숨을 빼앗은 것만으로는 분이 풀리지 않았는지 의자왕은 그들의 유골을 백제의 감옥에 묻어버렸습니다. 비참하게 죽은 성왕이 신라의 궁궐 계단에 묻혀 여러 사람들에게 밟혔던 것처럼, 김품석 부부의 유골 또한 백제의 죄수들이 밟고 다니도록 한

것이지요. 그제야 의자왕은 성왕의 복수에 성공했다며 만족스러워 했다고 합니다.

그렇다면 김품석 부부와 가까운 사이였던 신라의 권력자는 누구였을까요? 훗날 태종무열왕이 되는 김춘추였습니다. 당시 김춘추는 김유신과 함께 정치적 실권을 쥔 신라 최고의 권력자였지요. 그는 요충지인 대야성의 성주로 자신의 사위를 앉힙니다. 즉 성주 김품석의 아내가 김춘추의 딸이라는 말이지요. 대야성 함락도 비통한 일인데 딸과 사위까지 함께 잃다니, 김춘추는 하늘이 무너지는 심정이었을 것입니다.

> "춘추가 이를 듣고 기둥에 기대어 서서 하루 종일 눈도 깜박이지 않았고, 사람이나 물건이 그 앞을 지나가도 알아채지 못하였다."
>
> 《삼국사기》 신라본기 5권, 선덕왕 11년(642)

딸이 죽었다는 충격에 김춘추는 멍하니 허공만 바라볼 수밖에 없었습니다. 깊은 충격에 휩싸였지요. 이 일을 계기로 김춘추는 백제 의자왕에게 복수하기로 결심합니다. 대야성 전투로 이제는 신라가 백제를 공격해야만 하는 이유가 만들어진 것이죠. 김춘추의 복수심은 7세기 중후반 동아시아의 정치 지형도를 바꿔놓는 계기가 됩니다.

의자왕을 향한
김춘추 복수의 서막

642년 대야성 전투에서 딸을 잃은 김춘추는 백제를 무너뜨릴 생
각에 골몰했습니다. 하지만 신라의 국력으로는 백제를 공격하기
힘들었습니다. 국력이 백제보다 약했거든요. 고심 끝에 김춘추가
선택한 방법은 외교를 통해 다른 나라의 힘을 빌리는 것이었습니
다. 그래서 김춘추는 당시 신라의 왕이었던 선덕여왕에게 가 이렇
게 말했습니다.

"제가 고구려로 가서 군사를 빌려 백제에 원한을 갚겠습니다!"

선덕여왕은 이를 허락했고, 대야성 전투가 벌어진 바로 그해에
김춘추는 군사적 지원을 받고자 고구려로 향했습니다. 차가운 겨울
바람을 뚫고 도착한 고구려 수도 평양에서 왕을 만났지요. 김춘추는
그동안 신라와 사이가 좋지 않았던 고구려에 평화협정을 제안하며
백제를 이길 수 있도록 군사를 빌려달라고 요청했습니다. 그런데 김
춘추의 제안에 고구려 왕은 오히려 황당한 제안을 합니다.

고구려의 왕이 말하기를, "죽령은 본래 우리의 땅이니 너희가 만약
죽령 서북의 땅을 돌려준다면 군사를 내줄 수 있다"고 하였다.

《삼국사기》 신라본기 5권, 선덕왕 11년(642)

과거에 전쟁을 통해 신라가 가져간 고구려의 옛 땅을 돌려달라는 이야기였습니다. 죽령은 지금의 경상북도 영주와 충청북도 단양군 사이에 있는 고개를 말하는데, 이는 곧 경북 영주 위의 한강 유역을 반납하라는 것이었죠. 김춘추 입장에서는 절대 받아들일 수 없는 제안이었습니다. 백제에 복수하겠다고 멀쩡한 신라 땅을 내어줄 수는 없는 노릇이니까요.

결국 김춘추는 고구려에게 군사 빌리는 것을 포기합니다. 그러나 딸의 죽음에 대한 원한이 선명하게 남아 있는데, 이대로 복수를 포기할 수는 없었겠지요. 결코 물러설 수 없었던 김춘추는 647년 바다 건너 일본으로 갑니다. 결과는 역시 실패였습니다. 백제와 친밀한 사이였던 일본이 신라의 제안을 받아들일 이유가 없었지요. 김춘추는 이번에도 빈손으로 돌아와야 했습니다.

두 나라에서 퇴짜를 맞았으니 김춘추도 고민스러웠을 것입니다. 군사를 빌릴 곳은 없고 그렇다고 혼자 감당하기에는 백제가 너무 강했지요. 이쯤 되면 포기할 법도 하지만, 김춘추는 다시 도전했습니다.

마지막으로 찾아간 곳은 당나라였습니다. 사실 당나라는 백제와 사이가 그리 나쁘지 않았습니다. 오히려 당나라와 사이가 좋지 않은 나라는 고구려였습니다. 동아시아 패권을 두고 중국의 여러 나라는 고구려와 숱한 전쟁을 치렀습니다. 수많은 나라가 고구려를 넘봤지만, 고구려는 꿈쩍도 하지 않았죠.

645년, 당나라의 태종 역시 영토 확장을 위해 고구려를 공격하겠다고 선언했습니다. 고구려로 쳐들어온 당나라 대군은 몇 개의 성을 빼앗은 뒤 안시성에 이르렀습니다. 당 태종은 수십만 대군으로 총공세를 펼쳤지만 고구려군과 백성들이 힘을 합쳐 완강히 저항했고, 결국 당을 물리치고 승리합니다. 이 싸움이 바로 영화로도 만들어진 유명한 안시성 전투입니다. 이처럼 당나라가 호시탐탐 고구려를 노리니, 당연히 당나라와 고구려의 사이가 좋을 리 없었습니다.

그런 당나라에 김춘추는 이렇게 제안합니다.

"백제 멸망에 협조해주면 당나라가 고구려를 정벌할 때 신라 또한 힘을 합치겠습니다. 협공을 할 수도 있고, 당나라 군대에 필요한 옷이나 곡식도 제공해줄 수 있을 것입니다."

당나라 입장에서는 무척 솔깃한 제안이었습니다. 마침 백제는 당에 사신을 보내지 않고 고구려와 더 친하게 지내던 차였으니까요. 자연스레 백제와 고구려, 신라와 당나라로 편이 나뉜 것이지요. 김춘추는 백제를 먼저 공격하면 고구려를 치기 쉬워진다는 논리로 당나라의 마음을 사로잡았고, 결국 동맹을 이끌어냈습니다.

648년에 체결된 이 동맹이 바로 '나당연합'입니다. 든든한 지원군을 얻은 김춘추는 백제와 의자왕을 향한 복수에 한 걸음 더 다가가게 되었습니다.

부흥을 이끌던 의자왕, 정사를 외면하다

신라의 김춘추가 백제를 향한 복수의 칼날을 갈고 있을 때, 백제의 의자왕은 무얼 하고 있었을까요? 신라의 여러 성을 함락하고, 대야성 전투에서 성왕의 복수까지 해낸 의자왕은 오래도록 열망한 일들을 이룬 뒤였습니다. 그래서일까요? 의자왕은 처음과 다른 모습을 보이기 시작했습니다.

의자왕이 즉위한 지 15년째 되는 해인 655년에는 사탁왕후도 세상을 떠났습니다. 사탁왕후의 죽음은 의자왕에게 큰 기회였습니다. 백제 내부에서 의자왕을 가장 견제했던 세력이 사라진 것이니까요. 앞서 이야기했던 것처럼 사탁왕후는 백제 귀족 중에서도 가장 힘이 센 집안의 사람이었고, 그런 어머니의 세력이 건재하면 왕이라 한들 마음대로 권력을 휘두를 수 없었겠지요. 자신을 평생 견제하던 숙적이 사라지자 의자왕은 기다렸다는 듯이 이복 조카와 가족, 사탁왕후의 측근 세력 등 40여 명을 섬으로 추방해버립니다. 자신을 거슬리게 하던 세력이 완전히 사라지고 오직 의자왕의 세상이 된 것이죠. 의자왕이 하는 일에 브레이크를 걸 사람이 없어진 것입니다.

절대 권력을 구축한 의자왕은 궁녀들과 함께 사치와 향락에 빠져들었습니다. 4대조 할아버지의 복수를 하며 영토를 확장하던 정복 군주의 모습은 온데간데없이 흥청망청 놀기만 하는 왕으로 변해버린 것입니다.

> "16년 봄 3월에 왕이 궁인들과 음란과 향락에 빠져서 술 마시기를 그치지 않으므로(…)"
>
> 《삼국사기》 백제본기 28권, 의자왕 16년(656) 3월

라이벌 세력이 사라진 것도 의자왕이 변한 이유 중 하나지만, 그 외에도 큰 영향을 미친 아주 중요한 인물이 있습니다. 우리나라 국보 부여 정림사지 오층석탑에서 그 정체를 찾을 수 있지요.

> "밖으로 곧은 신하를 버리고, 안으로 요망한 계집을 믿어 형벌이 미치는 바는 오직 충성하고 어진 이에게 있고 총애와 신임이 더해지는 바는 반드시 아첨꾼이니(…)"
>
> 〈대당평백제국비명〉

주목할 부분은 의자왕이 곧은 신하를 버리고 요망한 계집을 믿었다는 구절입니다. 여기서 말하는 요망한 계집은 의자왕의 왕비인 '은고'입니다. 은고는 백제의 실권을 장악한 것으로 알려진 왕비인데, 그에 대한 기록은 《일본서기》와 〈대당평백제국비명〉에서 찾아볼 수 있습니다. 주로 '요부' 혹은 '요녀'라고 표현되어 있지요.

부여 정림사지 오층석탑 당나라는 백제를 멸망시킨 뒤 도읍지인 사비에 있는 정림사지 오층석탑에 그 사실을 기록했다. 이 글을 〈대당평백제국비명〉이라 하는데 당나라가 신라와 힘을 합쳐 백제를 쳐서 사비성을 함락시키고 백제 왕과 신하 등을 포로로 잡아갔다는 내용이다. 문화재청 제공.

의자왕은 사탁왕후 세력을 몰아낼 때 은고의 도움을 받은 것으로 보입니다. 60대가 되어 노쇠한 의자왕은 은고를 지나치게 총애하면서 정사는 돌보지 않고 충신들을 멀리했습니다. 자연스레 은고가 백제의 실권을 장악하고 정치를 좌지우지하게 됐죠. 왕이 아닌 다른 인물이 권력을 휘두르는 나라가 제대로 될 리 없겠죠?

심지어 의자왕은 일찍이 태자로 책봉했던 아들 융을 폐위하고 은고와 낳은 아들 효를 태자로 세우기도 했습니다. 하루아침에 왕의 후계자가 바뀌어버린 것입니다. 그것도 모자라 새로운 태자의 위엄을 세워주기 위해 태자궁을 사치스럽고 화려하게 수리하기까지 했죠. 이로 인해 백성들의 원성을 샀습니다.

의자왕이 본격적으로 향락에 빠진 지 1년 만에 나라에는 큰 가뭄까지 들었습니다. 농사를 지어야 할 땅이 황폐해지자 자연스럽게 백성들의 민심도 흉흉해졌죠. 그럼에도 불구하고 의자왕은 여전히 나랏일을 멀리한 채 술에 빠져 살았습니다.

백제 부흥을 이끌던 왕이 주색에 빠져 정사를 외면하는 모습을 보는 것은 신하들에게도 괴로운 일이었을 것입니다. 결국 더 이상 참지 못하고 한 신하가 의자왕 앞에 나타나 간절히 외쳤습니다.

"이러시면 아니 되옵니다!"

부여 삼충사 백제 말 3대 충신으로 불리는 성충, 흥수, 계백을 기리기 위해 세워진 사당. 이들의 영정과 위패가 모셔져 있는데, 가장 왼쪽에 자리한 것이 성충의 영정이다. 문화재청 제공.

백제의 좌평, 지금으로 치면 장관급 관료인 성충의 외침이었습니다. 성충은 나라를 위해 제발 방탕한 생활을 멈춰달라고 진심으로 간청했습니다. 그동안 자신에게 충성해온 신하의 간곡한 청에 의자왕은 어떻게 행동했을까요? 의자왕은 그 말을 듣기는커녕 성충을 감옥에 가둬버렸습니다. 그리고 가혹하게도 물과 음식을 주지 않고 서서히 굶어 죽도록 만들었습니다. 하지만 진정한 충신이었던 성충은 기력이 쇠해 죽어가는 와중에도 나라를 포기하지 않았습니다. 감옥 안에서 백제의 안위를 걱정하는 상소문까지 작성할 정도였으니까요.

성충이 눈물로 써 내려간 상소문은 곧 전쟁이 일어날 것이라는 내용이었습니다. 성충은 신라와 당나라의 움직임이 수상하므로 경각심을 가져야 한다고 당부했습니다. 이는 성충의 마지막 유언이기도 했습니다. 하지만 의자왕은 성충의 마지막 상소문도 대수롭지 않게 여겼고, 의자왕이 연회를 즐기는 사이 성충은 감옥에서 최후를 맞이하고 말았습니다.

성충 같은 고위 관료도 바른말을 했다는 이유로 비참하게 죽고 말았는데, 누가 의자왕에게 충언을 할 수 있었을까요? 감히 누구도 쓴소리를 하지 못했을 것입니다. 더 이상 백제에서 의자왕에 맞설 이는 없었지요.

18만 나당연합군의 진격, 위기의 백제

복수의 기회를 노리고 있던 신라의 김춘추는 백제의 혼란스러운 상황을 웃으며 지켜보았습니다. 김춘추가 648년에 나당연합을 맺은 이후 백제와 신라의 정세는 달라져 있었습니다. 나당연합을 맺고 6년 후, 무엇보다 김춘추 자신에게 가장 큰 변화가 일어났지요. 그가 신라의 제29대 왕, 태종무열왕으로 즉위한 것입니다.

이제 김춘추에게는 누구의 눈치도 보지 않고 자신의 뜻대로 백제를 향해 복수할 힘이 생겼습니다. 김춘추는 차근차근 백제 정벌을 준비합니다. 그동안 당나라에서는 김춘추와 동맹을 맺었던 황제인 태종이 죽고 다음 황제가 즉위했습니다. 신라 입장에서는 새로운 황제와 다시 한번 동맹을 공고히 하는 과정이 필요했지요. 그와 동시에 실제로 전쟁을 준비할 시간 또한 필요했습니다. 당나라 군대를 실을 수 있는 배를 만들어야 했고 보안도 철저해야 했죠.

실제로 나당연합군이 군사를 일으켜 백제를 공격하기 1년 전인 659년에는 보안 유지를 위해 국가를 봉쇄하고 외국인의 출입을 막기도 했습니다. 당나라 입장에서는 백제를 넘어 고구려까지 쳐야 했으니 그만큼 많은 준비를 해야 했겠지요.

의자왕이 정사를 멀리하고 백제가 기울어가던 660년, 만반의 준비를 마친 김춘추는 드디어 회심의 일격을 날립니다. 나당연합을 맺은 지 12년 만의 일이자, 대야성 전투로 딸을 잃은 지 18년 만의 일이었습니다. 나당연합군은 백제를 향해 진격했습니다. 당나라 장군 소정방이 이끄는 13만 군과 신라의 5만 군을 합쳐 자그마치 18만이나 되는 대군이었지요. 당시 백제의 도읍인 사비의 인구가 6만이 되지 않았으니 18만은 어마어마한 숫자였습니다.

18만 대군이 쳐들어온다는 소식을 들은 의자왕은 그제야 정신을 차리고 신하들과 대책을 논의하기 시작했습니다. 엄청난 비상

상황에 조정의 신하들조차 우왕좌왕했지요. 그때 한 신하가 나당 연합군의 침략에 대비해 군사를 배치할 장소를 제안합니다. 그런데 그 신하가 제안한 방어지는 이미 의자왕도 알고 있는 곳이었습니다. 죽은 성충이 상소문에 쓴 곳이었기 때문입니다.

> "틀림없이 전쟁이 일어날 것입니다. 만약 침략을 당하면 육로로는 탄현을 지나지 못하게 하고, 수군은 기벌포로 들어오지 못하게 하십시오."
>
> 《삼국사기》 백제본기 28권, 의자왕 16년(656) 3월

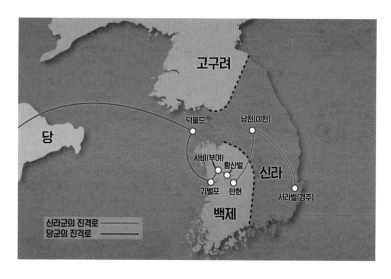

신라와 당나라의 백제 진격로

성충은 전쟁이 일어날 것을 짐작했을 뿐만 아니라, 나당연합군의 침략 경로까지 예상하고 있었습니다. 그리고 그의 유언은 정확히 맞아떨어졌지요.

탄현은 지금의 완주군 운주면, 기벌포는 금강 하구를 말합니다. 당나라 군대는 바다를 건너 기벌포로 향하고 있었고, 신라는 육로를 통해 탄현으로 쳐들어오고 있었습니다. 당나라와 신라는 양방향에서 각자 공격을 시작한 뒤, 백제의 수도 사비성 앞에서 합류해 총공격하는 작전을 짰습니다. 시간을 끌지 않고 바로 수도를 점령해 전쟁을 끝내버리겠다는 의도였습니다.

성충이 공격 경로를 예상할 만큼 침입에 확신을 가지고 있었는데, 왜 의자왕은 그의 말을 귀담아 듣지 않았을까요? 첫 번째로는, 신라와의 전투에서 연전연승을 거두다 보니 자만하게 되었을 것입니다. 신라와의 전투에서 승승장구했던 의자왕은 항상 신라를 얕잡아 보았습니다. 신라가 당나라 세력을 끌어들일 줄은 몰랐겠지요. 두 번째 이유는 안일한 판단 때문이었습니다. 당시 백제의 인구는 고구려의 인구보다 많았습니다. 그래서 백제는 당나라가 두 나라 중 한 나라를 친다면 자신들보다 고구려를 먼저 공격할 것이라 예상했습니다. 백제의 국력이 고구려의 국력보다도 우위에 있다고 판단했고요. 이러한 생각 때문에 의자왕은 성충의 충언에도 귀를 닫아버린 것입니다.

의자왕에게 나당연합군의 공격은 그야말로 날벼락이었습니다.

그저 속수무책으로 당할 수밖에 없었지요. 충신의 말을 외면하고 자만심에 빠져 있던 대가는 너무나 컸습니다.

마지막 운명을 건 황산벌 전투

의자왕이 당황하는 사이에 신라의 5만 대군이 탄현을 넘어 백제를 공격해왔습니다. 백제의 마지막 방어선마저 뚫리면 신라군이 사비성으로 쳐들어오는 건 시간문제였습니다. 백제가 사활을 걸고 지켜야 하는 마지막 방어선은 바로 황산벌이었습니다.

황산은 지금의 충남 논산시 연산면 일대를 말하는데 그 일대의 벌판을 가리켜 과거에는 황산벌이라고 불렀습니다. 지리적으로 황산벌은 백제의 수도로 가는 길목이었기 때문에 반드시 지켜야만 했지요. 반대로 신라는 백제의 수도를 코앞에 두고 있으니 황산벌을 뚫고 진격해야만 했습니다. 이렇게 두 나라의 운명을 건 황산벌 전투가 시작되었습니다.

한 치도 양보할 수 없는 최후의 혈전이 펼쳐졌습니다. 신라군과 백제군 모두 죽을 각오로 싸웠죠. 백제군의 수는 겨우 5천이었지만, 승부는 쉽게 갈리지 않았습니다. 백제의 군사들은 용맹한 장군 계백의 지휘 아래 죽기 살기로 싸웠습니다. 그 기세가 얼마나 대단했는지 처음에는 신라군이 밀릴 정도였습니다. 하지만 5천 명의 백제군으로 5만 명의 신라군을 막기엔 역부족이었지요. 결국 수적 열세를 견디지 못한 백제군은 패하고 말았습니다. 황산벌이 뚫리자 신라군은 기벌포로 들어온 당나라군과 합세한 뒤 함께 백제의 수도로 진격했습니다.

660년 7월, 마침내 신라와 당나라의 18만 대군이 수도 사비성을 포위했습니다. 그동안 의자왕은 자신이 할 수 있는 일은 전부 해보았습니다. 당나라 장군에게 신하를 보내 군대를 철수해달라고 애원하기도 하고, 가축과 음식을 바치기도 했지요. 그러나 아무 소용이 없었습니다.

> 왕이 피할 수 없음을 알고 탄식하며 말하기를, "성충의 말을 듣지 않아 이 지경에 이른 것이 후회스럽구나"라고 하고는 마침내 태자 효와 함께 북쪽 변경으로 달아났다.
>
> 《삼국사기》 백제본기 28권, 의자왕 20년(660)

패배를 직감한 의자왕은 깊이 탄식했습니다. 나라가 멸망하기 직전에야 충신의 말을 떠올린 것이지요. 때늦은 후회였습니다.

수도를 버리고 도망간 의자왕은 겨우 며칠 만에 항복을 선언하고 말았습니다. 백제는 이렇듯 허무하게 멸망했고, 의자왕과 김춘추의 길고 긴 복수전은 김춘추의 승리로 끝이 났습니다. 대를 이은 복수가 두 사람뿐 아니라 두 나라의 운명을 완전히 바꿔놓은 것입니다.

700여 년 백제 왕조의 멸망
의자왕의 최후는?

질긴 악연의 주인공, 의자왕과 김춘추. 원수였던 두 사람은 승리를 축하하는 김춘추의 연회장에서 만나게 되었습니다. 상석에는 김춘추와 당나라 장군이 앉아 있었습니다. 그 앞에 끌려온 의자왕은 초라하게 처분을 기다릴 뿐이었습니다.

승자 김춘추가 패자 의자왕에게 말했습니다.

"술 한잔 따라보시게."

백제의 왕이었던 자가 신라 왕에게 고개를 숙인 채 술을 따라야 한다니, 치욕적인 상황이었지만 망국의 왕이 된 의자왕은 김춘추의 말을 따르지 않을 수 없었습니다. 백제의 신하들은 김춘추에게 술을 따르는 의자왕의 모습을 눈물로 지켜보았다고 전해집니다.

660년 9월, 의자왕은 당나라 수도로 끌려갔습니다. 백제의 백성들은 의자왕의 마지막 길을 배웅하기 위해 부여 유왕산 정상으로 모여들었습니다. 그리고 의자왕 일행이 탄 배가 먼 곳으로 사라질 때까지 바라보았다고 합니다.

그로부터 얼마 후, 당나라에 있던 의자왕은 병으로 사망하고 맙니다. 이때 의자왕의 나이는 60대 후반이었습니다. 해동증자라 불리며 어렵사리 태자가 되어 강력한 군주로 군림했던 왕의 쓸쓸한 최후이자, 700년이나 이어져온 백제의 역사가 완전히 막을 내리는 순간이었지요.

비록 망한 나라의 왕이었으나 당나라에서는 의자왕의 지위를 인정해주었습니다. 의자왕이 죽은 뒤에는 장례도 치러주고 비석도 세워주었지요. 북망산에 묻었다고 기록되었지만, 비석이 파괴되는 바람에 현재 의자왕의 묘가 어디에 있는지는 정확히 알 수 없습니다. 이런 이유로 백제의 마지막 수도였던 부여군에서는 북망산의 흙을 가져와 의자왕의 가묘, 즉 임시로 쓰는 묘를 만들었습니다.

실제로 의자왕은 재위 20년 중 15년을 정복 군주로 살았지만, 많은 사람들이 의자왕의 이름을 듣고 떠올리는 것은 삼천 궁녀를 거느린 방탕한 군주의 이미지입니다. 나라를 지키지 못한 백제의 마지막 왕이기 때문에 지금껏 사치와 향락을 즐긴 것으로만 기억되며 삼천 궁녀와 같은 과한 오명을 쓰게 되었지요.

의자왕은 자신이 왕이 되었을 때 무엇을 해야 하는지 정확히 알고 있었습니다. 백성을 잘 먹이고, 선왕의 원한을 갚고, 영토를 넓히는 일이었지요. 그러나 그 팽팽한 긴장감이 풀어지는 순간, 전혀 다른 모습의 왕이 되었고 이는 곧 백제의 멸망으로 이어지고 말았습니다.

의자왕이 초심을 잃지 않았다면 백제뿐만 아니라 삼국의 운명이 달라졌을지도 모릅니다. 처음의 마음가짐을 건강한 방향으로 일관되게 유지하는 것은 비단 왕에게만 필요한 덕목은 아닐 것입니다. 인물들의 숨겨진 이야기를 통해 현재의 우리도 스스로를 돌아보는 시간을 가져보면 어떨까요? 이 또한 역사가 주는 여러 의미 중 하나이니까요.

4장

멀거멋은 왕자

김경수(청운대학교 교양학부 교수)

이방원은 왜
어머니의 무덤을 파헤쳤나

서울시 종로구에 위치한 청계천은 도심 한가운데에 있어 하루에도 많은 이들이 지나다니는 곳입니다. 과거의 모습을 되찾은 이곳에는 광통교라는 다리가 있습니다. 조선 시대 광통교는 청계천에 놓인 다리 중 가장 큰 규모를 자랑했지요. 지금도 그렇지만 조선 시대에도 청계천은 번화가였습니다. 광화문, 종로, 숭례문을 잇는 도성 제1의 다리로, 교통의 요지인 만큼 항상 인파로 붐볐다고 합니다. 주변에 상점도 많았고, 도성 사람들이 모여 민속놀이를 즐겼다고 전해지죠.

그런데 청계천 복원 사업 당시 이곳에서 예사롭지 않은 돌이 발견되었습니다. 사람들이 많이 지나다니는 다리에 웬만해서는 쓰

지 않을 것 같은, 섬세한 무늬가 조각된 돌이었습니다. 놀랍게도
이 돌은 조선 왕가의 무덤을 장식했던 병풍석으로 밝혀졌습니다.
매일같이 사람들이 밟고 다니는 다릿돌로 신성한 왕가의 무덤돌
이 쓰이다니요? 이는 곧 무덤의 주인을 모욕하겠다는 뜻이나 다름
없는 일입니다.

　이 엄청난 일을 벌인 인물은 바로 조선 제3대 왕, 태종 이방원입
니다. 게다가 놀랍게도 무덤돌의 주인은 바로 그의 어머니 신덕왕
후 강씨입니다. 도대체 어쩌다가 태종은 어머니의 무덤돌을 다리
를 만드는 데에 사용하게 되었을까요? 태종 이방원이 왜 신덕왕후
의 묘지를 파헤치고 그곳에 있던 돌들로 다리를 만들었는지, 지금
부터 조선 초기 왕실을 뒤흔든 핏빛 잔혹사의 전말을 벗겨보려 합
니다.

서울 청계천 광통교 조선 시대 도성 내에서 가장 큰 다리로 도성 안 중심 통로였다. 처음에는 흙다
리였다가 태종 10년에 돌다리로 놓이게 되었다. 문화재청 제공.

가문의 든든한 지원군
이방원의 둘째 어머니 강씨

앞에서 조선을 건국한 이성계 이야기를 했던 것, 기억하시지요? 태종 이방원은 조선을 건국한 태조 이성계의 아들입니다. 그리고 세종의 아버지이기도 하지요. 그렇다면 이방원의 어머니는 누구일까요?

바로 태조 이성계의 첫 번째 부인 한씨입니다. 이방원은 한씨가 낳은 8명의 남매 중 다섯 번째 아들이었지요. 그런데 이방원에게는 어머니가 1명 더 있었습니다. 바로 이성계의 두 번째 부인 강씨입니다.

이방원의 두 번째 어머니인 강씨는 이성계와의 사이에서 2명의 아들과 1명의 딸을 낳았습니다. 고려는 일부일처제가 원칙이었으나, 원 간섭기 이후에는 여러 아내를 맞는 일이 허용되었던지라 이성계는 강씨와 혼인할 수 있었습니다. 당시에는 처첩의 구별을 두지 않고 부인들을 동등하게 대우했다고 합니다. 강씨는 이방원의 친어머니는 아니었으나 그의 인생에 많은 영향을 끼친 사람이었습니다. 어떤 의미에서는 이방원을 왕으로 만든 사람이 강씨라고 해도 과언이 아닐 정도지요.

정략결혼을 통해 이성계의 두 번째 부인이 된 강씨는 이성계 집안의 도약을 이끌었습니다. 두 번째 결혼을 하기 전, 이성계는 어

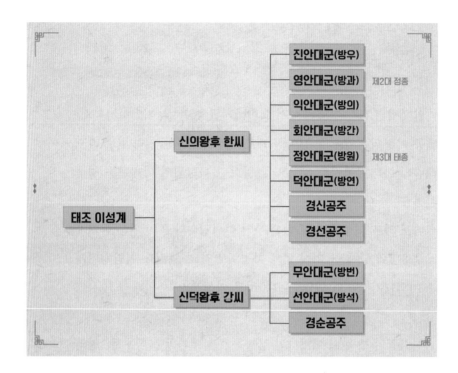

이성계 집안 가계도

떤 상황이었을까요? 태조 이성계 편의 내용을 떠올려보면 이성계
와 그 집안은 홍건적과 왜구로부터 고려를 지킨 영웅 가문임에도
불구하고 고려의 중심 세력으로 자리 잡지 못했습니다. 이성계가
고려의 변방인 동북면 출신의 신흥 무신이었기 때문이죠. 권문세
족이 고려의 중앙 정계를 장악하여 이성계가 설 자리가 없었다고
이야기했던 것을 기억하실 겁니다. 중심 세력에서 밀려나 있던 이

집안을 권문세족과 어깨를 나란히 할 수 있도록 길을 닦아준 사람이 바로 강씨였습니다.

　강씨는 개경에서 오랜 시간 권세를 떨친 권문세족 집안의 딸이었습니다. 무려 4대에 걸쳐 재상을 배출한 어마어마한 명문가였지요. 그 당시에는 현지에서 결혼을 한 지방 출신 인물들이 개성의 중앙귀족 집안과 다시 정략결혼을 하는 일이 빈번했는데, 이렇게 얻게 된 부인을 수도에 둔 아내라는 뜻으로 '경처京妻'라고 불렀습니다. 강씨도 이성계의 '경처'였지요. 잘나가는 집안의 사위가 되었으니 이성계로서는 중앙 정계에 진출할 수 있는 발판을 마련한 셈입니다. 강씨 집안 또한 새로이 떠오르는 이성계와의 연합으로 경제력은 물론이거니와 군사력까지 얻게 되었습니다. 즉, 이성계와 강씨의 혼인은 두 가문의 전략적인 선택이었던 것입니다.

　강씨와의 결혼으로 이성계의 집안 전주이씨는 무력, 재력, 명예까지 갖춘 세력가로 발돋움했습니다. 이때 이방원의 나이는 8살이었습니다. 아버지의 결혼은 어린 이방원에게도 큰 변화를 불러옵니다. 동북면에 살던 이방원이 수도 개경으로 유학을 가게 된 것입니다. 당시 고려에서 최고의 교육을 받으려면 수도 개경으로 가야 했기 때문이죠. 어린 나이에 친어머니 곁을 떠나는 것이기에 보살펴줄 사람이 필요했던 이방원은 아버지의 경처 강씨의 집에 머물게 됩니다. 그리고 그곳에서 강씨의 보살핌을 받으며 개경 최고의 교육을 받습니다.

왜 이성계는 어린 아들을 개경으로 유학 보냈을까요? 이성계는 집안에 학자가 없는 것을 늘 안타깝게 생각했습니다. 자식 중 누구 하나라도 문신이 되어 중앙 정계로 진출해서 가문을 든든하게 받쳐주기를 바랐지요. 그래서 아들 중 가장 총명했던 이방원에게 공부를 시켰던 것입니다.

아버지와 어머니의 자랑
출중한 능력의 소유자

이방원은 아버지의 기대에 어긋나지 않는 아들이었습니다. 공부를 잘했던 것은 물론, 날마다 부지런히 글을 읽었습니다. 똑똑한 데다 성실하기까지 했던 것이지요. 이방원이 얼마나 영특해 보였는지, 강씨는 그가 자신이 낳은 아들이 아님을 아쉬워하기까지 했습니다.

> 강씨가 매양 태종이 책 읽는 소리를 듣고 탄식해 말하기를 "어찌해서 내게서 나지 않았는가"라고 했다.
>
> 《태조실록》1권 총서

자신이 낳은 아들은 아니었지만 강씨는 이방원을 친자식처럼 챙겼습니다. 그리고 이렇게 사랑을 주니 이방원 또한 강씨에게 효를 다했지요. 둘 사이가 얼마나 돈독했는지는 기록에도 남아 있을 정도입니다.

강씨의 든든한 보살핌 덕분일까요? 열심히 공부한 이방원은 조선의 왕 그 누구도 갖지 못한 특별한 이력을 갖게 됩니다. 바로 과거에 급제한 것이죠. 그것도 17살에 말입니다. 더 놀라운 사실은 16살에 진사시에 합격하고 이듬해에 곧바로 과거에 급제했다는 것입니다. 진사시에 합격한 뒤 과거에 급제하기까지는 평균 5년에서 7년 정도 걸렸다고 하니 말 그대로 '초고속'이었지요.

무신 집안인 전주이씨 가문에서 과거 급제자가 나왔으니 아버지 이성계는 얼마나 기뻤겠습니까? 이방원은 그야말로 아버지의 자랑이자 가문의 자랑이었습니다.

> "제학에 임명되니 태조가 매우 기뻐하여, 사람을 시켜 관교 읽기를 두세 번에 이르렀다."
>
> 《태조실록》1권 총서

과거에 급제한 뒤 정5품 전리정랑이 된 이방원은 승진에 승진을 거듭해서, 왕명을 전달하는 정3품 관직인 제학의 자리에 올랐습니다. '관교'란 4품 이상 관리를 임명할 때 내리는 임명장입니다. 사람을 시켜서 그 임명장을 두세 번이나 읽게 했다니 아버지 이성계의 기쁨이 얼마나 컸는지 짐작할 수 있는 대목이지요.

급기야 이성계는 이방원에게 이런 의미심장한 말까지 합니다.

"내 뜻을 이룰 사람은 반드시 너일 것이다."

위의 네 아들을 다 제치고 다섯째 아들에게 이런 말을 할 만큼 기대와 믿음, 애정을 듬뿍 주었던 것이죠. 이방원의 앞길은 탄탄대로처럼 보였습니다.

그런데 꽃길만 펼쳐져 있는 줄 알았던 이방원에게 생각지도 못한 위기가 닥칩니다. 고려 궁궐에서 일하고 있던 그에게 요동 정벌을 떠난 아버지가 군사를 돌려 돌아온다는 날벼락 같은 소식이 날아온 것입니다. 우리도 잘 알고 있는 위화도 회군이지요.

아버지가 왕명을 어겼다니, 이는 집안 전체가 역적이 될 절체절명의 위기에 처한 것입니다. 가족의 목숨이 위험하다고 판단한 이방원은 급히 포천으로 향합니다. 포천에는 집안의 농장이 있었는데, 친어머니 한씨와 둘째 어머니 강씨가 모두 그곳에 있었기 때문이지요.

이방원이 도착해보니 하인들은 소문을 듣고 모두 도망친 상황이었습니다. 이방원은 친어머니를 구한 뒤 곧장 또 다른 집으로 가 자신을 친자식처럼 보살펴주었던 강씨까지 구합니다. 이방원은 어린 이복동생을 품에 안은 채 두 어머니와 함께 서둘러 도망쳤습니다. 위기의 상황에서 기지를 발휘해 가족을 구한 것입니다.

"두 왕후가 말을 타고 내릴 때마다 태종이 모두 직접 부축하였고, 익힌 음식을 자신의 허리춤에 휴대하여 봉양하였다. 관리가 체포하려고 하니, 밤을 이용해 몰래 가면서 감히 민가에 들어가지 못하고 들판에서 잠을 잤다."

《태조실록》1권 총서

피난길은 무척 고생스러웠습니다. 제대로 먹거나 잠을 자지도 못한 채 어두운 밤에만 이동해야 했지요. 이방원은 두 어머니를 극진하게 모시며 가족의 안전을 챙겼습니다. 그리고 얼마 후, 아버지 이성계가 개경을 장악했다는 기쁜 소식이 들려왔습니다.

만약 이방원이 가족을 구하지 못했다면 가족들은 고려 왕조의 인질이 되어 이성계의 발목을 잡았을지도 모릅니다. 그러니 이방원은 단순히 가족의 목숨을 구한 것이 아니라 위화도 회군을 성공시킨 조선 건국의 숨은 1등 공신이었던 셈입니다.

정몽주 살해, 아버지 눈 밖에 나다

위화도 회군 이후 이성계 집안은 하루아침에 고려 최고의 권력을 쥐게 되었습니다. 그런데 곧 고려 전체를 들끓게 한 충격적인 사건이 벌어집니다. 개경 선죽교에서 이성계의 친구이자 둘도 없는 정치 파트너, 고려의 대학자 정몽주가 살해당한 것입니다.

누가 감히 정몽주를 죽인 걸까요? 다름 아닌 정몽주를 스승으로 모시기까지 했던 이방원이었습니다. 이방원이 이런 충격적인 일을 벌인 데에는 이유가 있었습니다. 정몽주가 아버지 이성계는 물론이고 가족들의 목숨까지 위협했기 때문입니다.

당시 고려는 이성계파와 정몽주파로 갈라져 있었습니다. 급진 개혁파인 이성계는 새로운 나라를 원했지만, 온건개혁파인 정몽주는 기존의 고려를 유지하면서 개혁을 펼치고 싶어 했죠. 합의점은 보이지 않았고, 두 사람 사이의 골은 깊어만 갔습니다. 상황이 이렇게 되자 정몽주는 고려를 지키기 위해 이성계와 그 측근 세력을 제거할 기회를 호시탐탐 노리고 있었습니다.

그러던 정몽주에게 절호의 기회가 찾아옵니다. 이성계가 낙마 사고로 크게 다쳐 개경에서 멀리 떨어진 고향 동북면에 요양을 가게 된 것입니다. 이성계가 자리를 비운 사이를 정몽주는 놓치지 않았습니다. 재빨리 그 측근들을 귀양 보내버리죠. 이성계의 세력을 정계에서 쫓아낸 다음 이성계를 없애버릴 계획이었던 것입니다.

정몽주가 귀양을 보내려 한 인물 중에는 이방원과 이성계가 매우 의지했던 인물도 있었습니다. 바로 이방원의 스승이자 이성계와 함께 혁명을 주도한 든든한 동반자 정도전입니다. 정몽주는 정도전에게 이성계를 찾아가보라고 권한 사람이기도 했고 두 사람은 무척 가까운 사이였건만, 대의를 위해서라면 오랜 벗마저 없앨 준비가 되어 있었던 것입니다. 고려를 지키기 위해 물불을 가리지 않을 셈이었죠.

병상에 누워 있던 이성계는 자신의 측근들이 위험에 처했다는 사실조차 알지 못했습니다. 만일 정몽주의 바람대로 이성계의 측근들이 사라진다면 다음 타깃은 바로 이성계였겠지요. 이성계가 죽으면 집안이 어떻게 될지는 뻔했습니다. 이방원과 가족들의 목숨이 또다시 위협받고 있었습니다.

이방원은 고심 끝에 부하들을 시켜 정몽주를 죽입니다. 심지어

개성 선죽교 정몽주가 이성계를 문병하고 돌아오는 길에 이방원이 보낸 이들의 철퇴에 맞아 피살되었다고 전해지는 곳이다. 돌다리에 있는 붉은 흔적이 정몽주의 혈흔이라는 전설이 있다. 국립중앙박물관 제공.

그 머리를 잘라 저잣거리에 걸기까지 하죠. 자신의 가족과 정도전을 지키기 위한 결단이었습니다. 이 결단 덕분에 이성계의 측근들은 위기에서 벗어나 다시 고려 조정에 모일 수 있었습니다.

그런데 가문을 위협하는 적 정몽주가 이방원에게 살해당했다는 소식을 들은 이성계의 반응은 뜻밖이었습니다.

"내가 사약을 마시고 죽고 싶은 심정이다."

이성계는 이방원에게 어찌 이런 불효를 저질렀느냐며 불같이 화를 냈습니다. 왜 그랬을까요? 정몽주는 정치 경험이 풍부한 것은 물론, 백성들의 존경을 한 몸에 받던 대학자였습니다. 그렇기에 이성계는 어떻게든 정몽주를 설득해 새로운 나라를 이끌어가고 싶었습니다. 그런데 아들인 이방원이 자신의 계획을 물거품으로 만들어버린 것이죠. 존경받는 인물을 잔인하게 죽였으니 그때까지 쌓아온 명예마저 실추된 것은 물론입니다. 아들에 대한 신뢰와 기대가 컸던 만큼 분노도 컸을 것입니다.

이방원은 화를 내는 아버지에게 말했습니다.

"정몽주가 우리 집을 모함하려고 하는데 앉아서 망하기를 기다리겠습니까? 정몽주를 죽인 것이 곧 효도입니다."

아들이 이렇게 대들었으니, 아마 이성계의 분노는 절정에 달했을 것입니다. 그때 부자 사이에 뛰어든 이가 있으니, 바로 강씨였습니다.

강비가 노기를 띠고 고하기를, "공은 항상 대장군으로서 자처하였는데, 어찌 놀라고 두려워함이 이 같은 지경에 이릅니까?"

《태조실록》 1권 총서

강씨는 왜 이런 일로 놀라고 화를 내느냐며 오히려 이성계를 질책했습니다. 분노하는 남편 앞에서 아들 편을 들어준 것이죠. 이 일화로 짐작하건대, 강씨와 이방원은 사전에 정몽주 피살 계획을 논의했던 것으로 보입니다. 강씨는 이성계보다 21살이나 어리지만 상당히 진취적이고 정치적인 인물이었습니다. 추측컨대 아마 강씨 또한 이방원과 같은 생각이었을 것입니다. 정몽주 제거는 피할 수 없는 일이라고 여긴 것이지요.

강씨가 자신의 편을 들어주니 이방원은 더욱 당당하게 행동했습니다. 그렇지만 이성계는 아내의 말을 듣고도 화를 가라앉히지 못했습니다. 깊은 분노로 병이 났을 정도라고 하니, 정말 큰 충격을 받았던 모양입니다. 정몽주를 살해한 일은 그 뒤로도 아주 오랫동안 이방원의 발목을 잡습니다.

하지만 결과적으로 보면 이방원의 행동은 조선 건국의 중요한 기반이 됩니다. 정몽주가 사라짐으로써 건국 주도 세력을 막는 이들의 힘이 미약해진 것입니다. 부자간의 갈등과 별개로 조선 건국을 위한 작업은 일사천리로 진행되었고, 1392년 6월 신하들은 옥새를 가지고 와 이성계를 왕으로 추대합니다. 왕이 되기를 망설이던 이성계를 강씨가 설득했고, 1392년 7월 17일 이성계는 새로운 나라를 세우고 왕위에 오릅니다. 정몽주가 살해된 뒤 불과 3달 만의 일이었습니다.

개국공신 중 한 명은 이렇게 말했습니다.

"오늘의 일은 공이 한 사람에게 있다."

이방원을 가리켜 한 말이었지요. 신하들조차 이방원의 공을 인정하고 있었던 것입니다.

조선 건국 이후 외면당한 이방원

새 나라를 건국한 이성계는 조선 최초의 왕, 태조가 되었습니다. 그렇다면 조선 최초의 왕비가 된 사람은 누구일까요? 이성계의 첫 번째 부인이자 이방원의 친어머니 한씨가 아닌 두 번째 부인 강씨입니다. 한씨가 조선이 건국되기 1년 전에 세상을 떠났기 때문입니다. 강씨는 조선 최초의 왕비 신덕왕후가 되었습니다.

조선 개국에 힘을 보탠 왕자들도 직위를 받았습니다. 전장에서 공을 세운 둘째 아들 이방과와 강씨의 큰아들인 이방번은 정3품 지휘 관직인 의흥친위군 절제사로 임명되었습니다.

그렇다면 조선 건국에 큰 공을 세운 이방원은 어떤 직위를 받았을까요? 충격적이게도 이방원은 직위를 받기는커녕 조선의 왕자가 된 다음 날 개경을 떠나야 했습니다. 이성계가 이방원에게 조상들에게 제사 지내는 일을 맡으라며 동북면으로 가라고 명한 것입니다. 형과 아우가 한자리를 차지하는 동안 이방원은 중앙 정계에서 배제된 채 변두리로 보내진 것이죠.

이는 정몽주를 살해한 것에 대한 이성계의 분노가 이방원이 조선 건국에 세운 공을 무시할 정도로 컸기 때문입니다. 정몽주를 죽인 이후 이성계는 이방원을 경계합니다. 조선 건국 이후에도 그 여파가 이어졌지요. 이방원은 이성계와 그 측근들로부터 철저히 배척받았고, 참혹한 일을 저지른 인간이라는 낙인이 찍혔습니다.

이방원이 아버지와 갈등을 벌일 때 중재해주던 사람이 있었죠? 조선 최초의 왕비가 된 신덕왕후 강씨 말입니다. 그런데 이번에 강씨는 위기에 빠진 이방원을 외면해버립니다. 조선 개국의 공이 강씨에게 있다고 생각한 이성계가 강씨의 첫째 아들인 이방번을 세자로 앉히려 했기 때문입니다. 이방번은 당시 12살에 불과했는데도 말이죠.

이성계는 세자 책봉을 위해 신하들을 불러들였지만, 신하들의 생각은 달랐습니다.

"세상이 태평하면 적장자를 먼저 하고, 세상이 어지러우면 공이 있는 이를 먼저 하오니, 바라건대 다시 세 번 생각하소서."

신하들은 이성계의 첫째 부인 한씨의 아들들 가운데 둘째 이방과나 다섯째 이방원을 세자로 제안하며 이성계에게 다시 생각해 볼 것을 권했습니다. 그런데 갑자기 어디선가 서러운 울음소리가 들려왔습니다. 문밖에서 이야기를 엿듣고 있던 강씨가 신하들이 자신의 아들 대신 죽은 한씨의 아들을 세자로 삼으려 한다는 것을 알고 울기 시작한 것이었습니다.

왕과 공신들이 세자 책봉에 관해 논의하는 것을 엿듣고 그들에게 들릴 정도로 대성통곡을 할 수 있었다는 것은 강씨가 국사에 영향을 줄 만큼 큰 힘을 가졌다는 의미입니다. 세자 책봉 과정에 강씨가 개입한 것이나 다름없지요.

이성계는 신하들에게 조용히 붓과 종이를 내밀었습니다. 세자로 이방번의 이름을 적으라는 뜻이었지요. 하지만 신하들은 바닥에 엎드린 채 꼼짝도 하지 않았습니다. 조선은 왕과 신하가 함께 통치하는 나라였기 때문에 왕이라도 나랏일을 독단적으로 결정할 수 없었지요. 자신의 의견을 고집하는 이성계와 신하들이 팽팽하게 대치하고 있던 그때, 왕이 뜻을 굽히지 않을 것을 눈치챈 신하가 다른 의견을 내놓았습니다. 강씨의 두 번째 아들 이방석을 세자로 책봉하는 것은 어떻겠느냐고 제안한 것입니다.

이방번은 안 되고 이방석은 되었던 이유는 무엇이었을까요? 이방번의 부인이 공민왕의 동생 왕우의 딸, 즉 고려 왕씨 집안의 사람이었기 때문입니다. 이방번이 세자로 책봉될 경우 조선 건국 세력이 제거한 고려 왕씨 세력이 자칫 고려의 잔존 세력과 연합할 우려가 있었던 것이지요.

결국 조선의 차기 왕이 될 세자 자리에는 적장자도, 조선 건국에 공을 세운 이도 아닌 당시 겨우 11살이었던 신덕왕후의 작은 아들 이방석이 앉게 되었습니다. 강씨의 아들을 세자로 책봉함으로써 신덕왕후 강씨의 위상을 높여준 것입니다.

이방원은 찬밥 신세로 전락했습니다. 온갖 궂은일을 도맡아서 해왔는데, 조선이 건국되자 공신은 물론이거니와 세자 책봉 과정에서도 배제되었으니까요. 원칙대로 적장자인 형이 세자가 되었다면 덜 분했을 테지만, 난데없이 막내가 차기 왕이 된다고 하니 어처구니가 없었을 것입니다. 이복동생에게 모든 기회를 빼앗겼다고 생각했을지도 모르지요.

가족을 위해 피까지 보았건만 이방원에게 돌아온 것은 아버지의 냉대와 어머니의 외면이었습니다. 특히 아버지의 불같은 호령에도 자신을 감싸주었던 어머니의 변화는 충격이었겠지요. 정치적 뜻을 나누고 신뢰를 쌓아온 만큼 강씨에 대한 배신감은 상당했을 것입니다.

그런데 강씨만 이방원을 충격에 빠뜨린 것은 아닙니다. 이방원의 스승이자 조선 건국의 동지이며 심지어 목숨까지 구해준 인물, 정도전 또한 이방원을 배신한 것입니다.

"정도전과 남은 등은 권세를 마음대로 부리고자 하여 어린 서자를

《태조실록》14권, 7년(1398) 8월 26일

기록에 따르면 정도전은 어린 서자, 즉 이방석을 세자로 세우려고 했습니다. 정도전도 세자 책봉 과정에서 강씨의 뜻에 동참했다는 의미이지요. 정도전은 이성계의 신임을 한 몸에 받는 공신 중의 공신으로, 명실상부한 조선의 이인자였습니다. 그런 그가 이제는 이방원이 아닌 강씨의 손을 잡은 것입니다.

이 사실은 이방원에게 큰 위협으로 느껴졌을 것입니다. 정도전은 새로운 나라의 수도를 정한 인물이자 경복궁 건설의 총책임자이며 조선의 건국 이념과 제도까지 정비한 인물이니까요. 한마디로 엄청난 권한을 가진 사람이었죠.

그렇다면 정도전은 왜 이방원이 아닌 강씨의 아들을 세자로 세우려 한 걸까요? 정도전은 어릴 때부터 재상에게 철저히 제왕 교육을 받은 인물이 세자가 되어야 한다고 생각했습니다. 이방원이 조선 건국에 큰 공을 세운 것은 분명하지만 정도전이 보기에 그는 이미 장성한

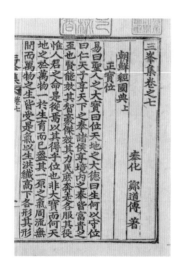

조선경국전 태조 3년에 정도전이 국가를 다스리는 기본 정책을 규정하여 지은 법제서. 개인이 저술했지만 조선 왕조의 건국 이념을 정리하여 제시한 것으로 이후 《경국대전》 편찬의 모체가 되었다. 서울대학교 규장각한국학연구원 제공.

왕자였던 것이지요. 정도전은 어린 이방석이 차근차근 제왕 교육을 받은 후 왕위에 오른다면, 자신이 꿈꿔온 재상 중심 정치를 실현할 수 있으리라 생각했습니다.

이방원의 상황을 정리해보면 스승으로 모셨던 정도전과 친어머니처럼 믿고 따랐던 강씨가 이방석을 세자로 세워 새로운 세력을 만들고, 자신과 형들은 정계에서 밀어내려 하는 형국이었습니다. 위화도 회군에서 두 어머니를 피신시키고, 정몽주를 없애 아버지와 정도전을 위기로부터 구한 이방원으로서는 엄청난 분노를 느꼈을 것입니다.

설상가상으로 강씨의 측근들은 한씨의 아들들을 수도에서 먼 지방으로 보내려고 했습니다. 이들이 세자에게 걸림돌이 된다고 생각했기 때문이죠. 그렇게 이방원은 점점 고립되어 갔습니다.

아버지의 부탁으로
목숨을 건 명나라행을 떠나다

정몽주 사건 이후 냉랭한 기운만 감돌던 이성계와 이방원 부자. 그런데 이성계가 이방원을 급히 불러들이더니 간곡한 부탁을 하나 합니다. 바로 명나라에 가달라는 것이었습니다.

당시 명나라와 조선의 관계는 매우 좋지 않았기에 명나라에 가는 것은 목숨을 걸어야 할 만큼 위험한 일이었습니다. 고려 말에 감행했던 요동 정벌이 그 원인이었지요. 이성계의 위화도 회군으로 이 계획은 물거품이 됐지만, 조선이 국경 근처에서 군사 훈련을 하자 명나라는 고려 말처럼 조선이 쳐들어오지는 않을까 의심하고 경계했던 것입니다.

그러던 중 명나라가 조선에 공표를 내립니다. 1년에 3회 이상 주고받던 외교 교류를 3년에 1회로 줄이겠다는 내용이었습니다. 또 조선의 왕자가 직접 명나라의 수도로 와 1만 마리의 말을 바치라고 으름장을 놓았죠. 안 그래도 명나라와 군사적 긴장감이 돌고 있는데, 외교 횟수까지 줄인다니요? 외교 사절을 제한한다는 것은 관계를 끊을 수도 있다는 협박이자 압력이었습니다. 조선 입장에서는 명과의 교류가 중요했기 때문에 이대로 두고만 볼 수는 없었지요. 놀란 이성계가 급히 사신을 보냈지만, 입국조차 거부당했습니다.

위기의 순간, 이성계의 머릿속에 이방원이 떠올랐을 것입니다. 이방원은 유학을 공부했고 집안에서 유일하게 과거에 급제한 학식 높은 아들이었으니, 명나라에 가서도 현명하게 대처할 거라 생각했겠지요. 잘 찾지도 않던 아들을 부를 만큼 다급했던 것입니다.

태조께서 정안군(태종의 왕자 시절 이름)에게 일렀다.

"명나라 황제가 만일 묻는 일이 있다면 네가 아니면 대답할 사람이 없다."

정안군이 대답하였다.

"종묘와 사직의 크나큰 일을 위해서 어찌 감히 사양하겠습니까?"

《태조실록》 6권, 3년(1394) 6월 1일

왕자를 보내라는 것은 인질을 보내라는 뜻이나 다름없었습니다. 이방원은 그 사실을 알고도 가겠다고 했지요. 돌아오지 못할 수도 있는 길을 떠나는 이방원의 심정은 어땠을까요? 사실 이 부탁을 받기 몇 달 전, 이방원은 전라도절제사에 임명되었는데 이는 이복동생 이방번의 지휘하에 있는 좌군에 소속된 자리였습니다. 이미 권력과 군권을 모두 박탈당한 상태에서 아버지의 부탁은 거부하기 어려운 명령이기도 했겠지요. 목숨을 걸어야 하는 명나라 사신행을 요청받았으니, 어쩌면 아버지에게 이용당한다는 생각을 했을지도 모릅니다. 아버지에 대한 원망과 분노가 컸을 수도 있고요.

1394년 6월, 이방원은 명나라로 떠납니다. 그리고 명나라 황제를 여러 차례 만나 그간 두 나라 사이에 있던 의심을 말끔히 해결하지요. 이방원의 외교는 성공적이었습니다. 하지만 주어진 임무를 잘 마쳤음에도 불구하고 이방원에게는 아무런 보상도 없었습니다. 목숨을 걸고 명나라에 다녀왔지만 중앙 정계로 진출하기는커녕, 여전히 정치권에서 배제된 채 전라도로 내려가 언제 들이닥칠지 모를 왜구에 대비하며 경계를 서야 했습니다.

정적 강씨의 죽음
끝나지 않는 고립무원의 상황

1396년, 조선에 큰 사건이 벌어집니다. 신덕왕후 강씨가 사망한 것이죠. 왕비를 잃은 이성계는 무척 슬퍼했습니다. 이성계는 강씨에 대한 사랑을 담아 궁궐에서 고개를 들면 볼 수 있도록 오늘날 덕수궁 근처에 무덤을 만들고 화려하게 꾸몄습니다. 공신에게 3년간 지키도록 한 것은 물론이고, 종종 그곳에 행차하기도 했지요.

궁궐 근처에 아내의 무덤을 만들 정도로 그리워하는 마음이 무척 컸던 것으로 보입니다. 하지만 여기에는 또 다른 해석도 있습니다. 정치적으로 큰 위세를 떨치던 왕비가 죽었으니 든든한 지원군을 잃은 어린 세자 이방석이 위험해질 가능성도 있었지요. 즉 이성계는 도성 안에 강씨의 무덤을 만들어 그 존재감을 각인시키고 어린 세자의 권위를 세워주려 했던 것이라고도 볼 수 있습니다.

신덕왕후 강씨는 조선 건국 이후 이방원을 가장 경계하고 중앙 정치권에서 배제시킨 인물이었습니다. 그런 사람이 사라졌으니 이방원의 상황도 조금은 나아지지 않았을까요? 《세종실록》에는 당시 이방원이 어떤 상황이었는지 추측할 수 있는 기록이 남아 있습니다.

"그때 내가 정도전 일파의 시기로 말미암아 형세가 용납되지 못하

게 되니, 실로 남은 날이 얼마 없지 않나 생각되어 항상 가슴이 답답
하고 아무런 낙이 없었다."

《세종실록》 3권, 1년(1419) 2월 3일

신덕왕후 강씨는 세상을 떠났지만, 이방원의 상황은 여전히 답
답하기만 했습니다. 세자 이방석을 중심으로 세력을 키운 정도전
일파가 여전히 정치적 숨통을 조이고 있었던 것이지요. 그런데 정
도전은 이에 만족하지 않고 고립무원의 이방원을 궁지로 몰아넣
을 준비를 합니다. 바로 사병혁파私兵革罷를 주장한 것이죠. '사병'이
란 개인이 보유하는 병사를 말하고 '혁파'는 낡아서 못 쓰게 된 제
도를 없앤다는 뜻입니다. 즉 사병혁파는 개인의 병사를 없애자는
말이었습니다.

정도전이 사병혁파를 주장한 이유는 이렇습니다. 이방원이 명
나라에 다녀오면서 조선과 명나라의 관계는 좋아지는 듯했지만,
얼마 가지 않아 더욱 냉랭해졌습니다. 명나라는 여전히 조선을 믿
지 못하겠다고 했지요. 참다못한 조선의 이인자 정도전은 최후의
카드를 꺼내 듭니다. 이번에는 정말로 요동 정벌을 하자는 것이었
죠. 그런데 명나라를 상대로 전쟁을 하려면 많은 군사가 필요하므
로, 군사력을 강화하기 위해 왕자들과 신하들이 보유하고 있던 사
병을 중앙 관군으로 통합하고 무기까지 모두 거둬들이자고 주장
했습니다.

이성계의 사병으로 조선 건국을 도왔던 강철부대 가별초는 건국 이후 왕자들의 사병이 되었습니다. 사병은 나라가 위험할 때 외부의 적에 빠르게 대응할 수 있는 방어 수단이 되기도 했지만, 사병을 거느린 자가 역심을 품으면 조정에서 진압하기 어려운 강력한 적이 될 수도 있었죠. 정도전은 이 점을 염려해 왕자를 비롯한 여러 세력의 무력을 빼앗고 공식적으로 무장을 해제시키려 한 것입니다.

이방원에게 사병은 자신의 목숨을 지킬 최후의 보루였습니다. 빼앗긴다면 자신과 가족을 지킬 힘이 완전히 사라지는 것이나 마찬가지였지요. 하지만 사병혁파는 정도전의 뜻대로 빠르게 진행되어 결국 이방원은 사병을 빼앗기고 무기까지 반납해야 했습니다.

이방원의 손과 발을 묶어두던 신덕왕후 강씨가 세상을 떠났지만 정도전은 여전히 건재했습니다. 오히려 한때 친밀했던 관계라고 보기 어려울 정도로 이방원을 경계했지요. 사실 두 사람의 관계는 조선이라는 나라가 세워지면서 마침표를 찍을 수밖에 없었습니다. 두 사람의 이상이 완전히 달랐기 때문입니다. 정도전은 재상 중심의 정치를, 이방원은 강한 왕권을 꿈꿨습니다. 집권 욕구가 강했던 이방원에게는 정도전이 추구하는 재상 중심 정치가 자신의 앞길을 막는 장애물이었을 테고, 정도전은 필요하다면 누구든 거침없이 제거하는 이방원을 조심해야 할 인물이라고 생각했을 것입니다. 이방원과 정도전의 대립은 점점 심해졌습니다.

복수의 시작
왕자의 난을 일으키다

정치적으로 고립되고 무력마저 빼앗긴 데다 호시탐탐 목숨을 노리는 정적들까지 있는 상황! 이방원은 그야말로 궁지에 몰린 상황이었습니다. 이방원이 이 난국을 타개하기 위해 택한 방법은 무엇이었을까요? 놀랍게도, 세자를 바꾸기 위해 병사를 움직이기로 합니다. 바로 '왕자의 난'을 일으킨 것입니다.

이방원은 건국 이후 공신과 세자 책봉에서 배제되며 자중할 수밖에 없었습니다. 그런데 이방석의 편인 정도전이 신덕왕후 강씨가 사망한 뒤에도 자신의 목을 졸라오고 사병까지 빼앗으려 하자 이방원은 목숨이 위태로워질 거라고 판단했습니다. 더 이상 물러설 곳이 없었던 것이지요. 이는 이방원만의 생각은 아니었습니다. 이방원과 뜻을 함께하는 사람들도 있었죠. 이방원이 조선 건국에 세운 공을 인정했던 신하들은 그가 대통을 잇기를 바랐습니다. 여기에 정도전의 사병혁파에 반대하는 인물들도 모였습니다. 사람들이 모이자 이방원은 힘을 얻었고 거사를 준비할 수 있었습니다.

머지않아 기회가 찾아왔습니다. 1398년 8월 26일 저녁, 궁궐에서 다급한 소식이 들려옵니다. 이성계의 건강이 극도로 나빠졌으니 왕자들은 모두 궁으로 들어오라는 내용이었습니다. 그런데 궁으로 가던 길에 이방원의 시종이 이방원을 향해 허겁지겁 달려왔습니다.

"민씨 부인께서 가슴과 배가 몹시 아픕니다! 어서 오셔야 합니다!"

궁에 가는 이방원을 붙잡으러 뛰어왔을 정도니 매우 위급한 상황이었겠지요. 화들짝 놀란 이방원은 아내가 아프다는 말에 급히 집으로 달려갔습니다. 하지만 아프다던 아내는 멀쩡했습니다. 이방원이 궁궐로 가지 못하도록 거짓말을 한 것이었죠. 태조 이성계의 병을 핑계로 정도전이 왕자들을 모아 죽이려 하니 가서는 안 된다는 것이었습니다. 하지만 이 말을 들은 이방원은 이렇게 대답합니다.

> "어찌 죽음을 두려워하여 대궐에 나아가지 않겠소! 더구나 여러 형들이 모두 대궐 안에 있으니 사실을 알리지 않을 수가 없소. 만약 변고가 있으면 내가 마땅히 나와서 군사를 일으켜 나라 사람들의 마음을 살펴보아야 될 것이오."
>
> 《태조실록》 14권, 7년(1398) 8월 26일

조심하라는 아내의 말을 뒤로한 채 이방원은 다시 경복궁으로 향했습니다.

어느새 궁궐에는 까만 어둠이 내려앉아 있었습니다. 세자 방석은 이미 궁궐 안에 있었고, 이방원의 둘째 형 이방과는 아버지의 회복을 비는 기도를 올리는 중이었습니다. 왕자들이 모두 대궐에 모이자 내시는 모두 내전에 들어오되 시종은 데려오지 말라고 당부했습니다.

그런데 주변을 둘러보던 이방원은 수상한 기운을 감지했습니다. 밤이 되면 불을 환하게 밝혀야 하는데, 이상하게도 궁궐의 등불이 모두 꺼져 있었던 것입니다. 위험한 상황임을 눈치챈 이방원은 배가 아프다는 핑계로 자리를 벗어난 다음, 형들과 함께 궁궐을 떠났습니다. 그리고 그동안 쌓인 분노와 설움을 폭발시키기 시작합니다. 난을 일으킨 것입니다.

사병혁파로 사병과 갑옷, 무기까지 모조리 빼앗겼는데 어떻게 난을 일으킬 수 있었을까요? 이는 아내 민씨 덕분이었습니다. 사병혁파 때, 이방원이 갑옷과 무기를 모두 반납하려 하자 민씨는 반드시 필요할 때가 올 거라며 자신의 동생이 대장군직을 수행 중인 것을 이용하여 친정에 숨기자고 조언했지요. 덕분에 갑옷과 무기는 준비되어 있었습니다. 이방원을 따르는 장수가 적지 않았기 때문에 군사를 모으는 일도 어렵지 않았습니다. 이렇게 모인 장수들에게 민씨는 숨겨두었던 갑옷과 무기를 꺼내 나눠주었습니다. 숨은 공로자였던 셈입니다.

왕자의 난을 일으킨 이방원의 칼이 가장 먼저 향한 곳은 어디였을까요? 고민할 것도 없지요. 정적 정도전의 목이었습니다. 이방원은 정도전이 있는 곳을 알아내고 현장을 급습했습니다. 정도전은 이웃집으로 도망쳤지만 금세 들키고 말았지요. 문밖으로 나온 정도전이 이방원에게 한마디만 하겠다고 말했습니다. 그가 던진 한마디는 무엇이었을까요?

"예전에 공이 이미 나를 살렸으니 지금도 또한 살려주시오."

이게 무슨 말일까요? 과거 정몽주가 이성계 세력을 제거하려 했을 때, 이방원이 정몽주를 죽여 정도전의 목숨을 구한 일을 말한 것이죠. 그 일을 떠올려 다시 한번 자신을 살려달라고 청한 것입니다. 그러나 이방원은 흔들리지 않았습니다. 수하를 시켜 그 자리에서 정도전의 목을 베어버립니다. 그에게 정도전은 더 이상 스승도, 동지도 아니었습니다. 7년간 끊임없이 자신의 목숨을 노린 정적일 뿐이었지요. 목이 잘린 정도전의 시체는 광화문에 걸렸습니다.

이방원은 정도전의 목숨만 빼앗은 것이 아니라 정도전이 살았던 집마저 깨끗하게 밀어 없애버립니다. 집터는 말을 기르는 목장으로 만들었지요. 정도전의 모든 흔적과 기록을 조선의 역사에서 지우고 싶었던 것입니다. 정도전이 계획했던 요동 정벌과 사병혁파 역시 모두 백지로 돌아갔습니다.

정도전이 비호하던 신덕왕후 강씨의 두 아들은 어떻게 되었을까요? 세자 이방석과 세자의 동복형 이방번은 왕자의 난 직후 이방원 세력에 의해 경복궁 밖에서 죽고 말았습니다. 결국 정도전과 신덕왕후 강씨는 물론이고 그녀의 두 아들 모두 이방원에 의해 비참한 최후를 맞이한 셈입니다.

2차 왕자의 난을 제압하고
왕위에 오르다

이방석이 죽고 난 뒤 공석이 된 세자 자리는 이성계의 둘째 아들 이방과의 차지가 되었습니다. 왕위를 둘러싼 자식들의 목숨을 건 권력 다툼에 회의를 느낀 이성계는 1398년 9월에 세자에게 왕위를 물려주고 상왕으로 물러납니다. 이에 세자였던 이방과가 조선 제2대 왕 정종으로 즉위합니다.

구리 동구릉 건원릉 태조 이성계의 능으로 봉분이 억새로 덮여 있는 것이 특징이다. 이성계는 고향인 함흥에 묻히길 원했으나 이방원은 이를 들어주지 않았다. 대신 함흥 땅의 억새를 가져와 봉분을 조성했다. 이성계는 형제들을 죽이고 왕위에 오른 이방원에 대한 분노가 대단히 커서, 이방원이 문안 인사를 전하기 위해 보낸 차사를 모두 죽였다고 전해진다. 이 일화에서 어디에 간 뒤 소식이 없는 경우를 일컫는 '함흥차사'라는 말이 유래했다. 한국학중앙연구원 제공.

세자를 바꾸기 위해서 난까지 일으켰는데 왜 이방원이 아니라 둘째 형이 왕위에 올랐을까요? 왕자의 난 이후 곧바로 이방원이 즉위한다면 권력욕 때문에 형제를 죽인 게 아니냐며 의심받고 오히려 민심을 잃을 수 있었습니다. 장남은 이미 죽은 상황이었으므로 차남인 방과를 왕으로 세우는 것이 이방원으로서는 명분도 얻고 차기 왕의 자리도 노릴 수 있는 방법이었지요.

왕위에 오른 정종은 마흔에 가까운 나이에도 대를 이을 후사가 없었습니다. 이대로라면 왕의 아우가 차기 왕이 될 가능성이 높았지요. 왕자의 난 이후, 대세는 이방원에게로 기울어져 있었던 것입니다.

그런데 이성계의 넷째 아들이자 이방원의 바로 위였던 이방간은 이런 분위기에 불만을 품었던 듯합니다. 다음 계승자는 동생 이방원이 아니라 자신이 되어야 한다고 생각했던 것이죠. 마침 주위에 부추기는 인물까지 있어 이방간은 2차 왕자의 난을 일으켰지만, 이미 모든 정황을 파악하고 대책을 세워놓은 이방원에 의해 손쉽게 제압당하고 맙니다.

넷째 형까지 꺾은 이방원은 명실상부한 조선의 권력자로 우뚝 섰습니다. 한때는 중앙 정계에서 배제당하고, 권력도 무력도 빼앗겼으나 완벽히 부활한 것이지요. 대세가 기운 이때, 이방원은 모두가 깜짝 놀랄 만한 일을 벌입니다. 형의 아들이 된 것입니다. 왕의 동생인 왕세제가 아닌, 왕의 아들이 된 것이죠.

왜 이렇게까지 한 것일까요? 왕의 동생과 왕의 적장자 중 누가 더 세자 책봉에 유리할지를 생각해보면 답은 쉽게 나옵니다. 당연히 적장자가 세자 책봉에 유리하겠지요. 그래서 이방원은 정종의 양자로 들어갔고, 쉽게 세자가 될 수 있었습니다. 법도와 명분을 교묘히 이용해서, 누구에게도 질타를 받지 않으며 안정적으로 권력을 쥘 수 있는 길을 만든 것이지요.

이방원은 세자가 된 그해, 드디어 조선 제3대 왕 태종으로 등극합니다. 왕자의 난이 일어난 지 2년 4개월 만의 일이었습니다.

왕이 된 이방원의 끝나지 않은 복수

권력을 얻기 위해 손에 수많은 피를 묻혀왔던 이방원. 그는 자신의 등에 칼을 꽂은 자는 절대 잊지 않고 그 빚을 갚는 인물이었습니다. 그에겐 아직 마지막 복수가 남아 있었습니다. 이방원에게 가장 큰 배신감을 안긴 사람은 누구였을까요? 바로 신덕왕후 강씨입니다. 이방원은 험난한 피난길에서도 강씨를 친어머니처럼 보살피고 목숨을 지켜주었습니다. 아버지와 나누기 힘든 이야기도 강씨와 의논했죠. 하지만 강씨는 조선이 세워지자 자신의 친아들을 왕으로 세우기 위해 이방원을 정계에서 완전히 몰아내버렸습니다. 그 뒤로 죽을 때까지 이방원을 괴롭힌 숙적이 되었지요.

그러나 이방원은 왕위에 오른 뒤에도 한동안은 강씨에게 복수할 수 없었습니다. 아직 아버지 이성계가 살아 있었기 때문입니다. 칼을 갈던 이방원은 이성계가 세상을 뜨자 본격적인 복수를 시작합니다.

아버지가 죽고 1년도 채 되지 않은 1409년 4월 13일, 이방원은 유교의 나라에서 있을 수 없는 잔인한 내용의 명령을 내립니다.

"봉분을 완전히 깎아 무덤의 흔적을 남기지 말라."

신덕왕후의 무덤을 파내고 훼손하라는 것이었습니다. 눈만 들면 신덕왕후의 무덤이 보이니 얼마나 거슬렸겠습니까? 이방원은 무덤을 파내서 도성 밖 산기슭으로 옮기라 명합니다. 그곳이 바로 지금의 성북구 정릉동입니다. 정릉동이라는 이름이 바로 이 '정릉'에서 따온 것이지요. 옮겨진 정릉은 봉분도 없고 아무도 돌보지 않아 폐허가 되었습니다. 조선 제18대 왕 현종 대에 강씨의 복위를 위해 정릉을 찾았지만, 무덤 자리를 알 수 없어 한참 애를 먹었다고 합니다.

무덤을 훼손하는 것으로 이방원의 울분은 해소되었을까요? 그렇지 않았던 것 같습니다. 이방원은 무덤을 옮기면서 신덕왕후의 지위를 왕비가 아닌 후궁으로 강등시켰습니다. 무덤 역시 '능'이 아니라 '묘'라고 부르며 격하시켰지요. 이후 신덕왕후의 제사는 왕실에서 모시지 않았고, 능에 있던 정자는 헐어서 건물을 짓는 데

서울 정릉 신덕왕후 강씨의 능. 원래 서울시 중구 정동에 있던 능을 태종 9년에 서울시 성북구 정릉동 자리로 옮겼다. 현종 10년에 문석인과 석양, 석호 등을 배치하여 현재의 모습으로 복원하였다. 문화재청 제공.

사용했습니다. 왕가의 무덤임을 알려주는 석인, 즉 사람 모양의 석상도 땅속에 묻어버립니다.

이방원의 복수는 여기서 끝나지 않습니다. 1410년, 조선에 큰 홍수가 나서 청계천의 흙다리가 떠내려가자 한 신하가 건의를 합니다.

> "광통교의 흙다리가 비만 오면 곧 무너지니, 청컨대 정릉 구기의 돌로 돌다리를 만드소서."
>
> 《태종실록》 20권, 10년(1410) 8월 8일

신덕왕후의 묘를 둘러싼 병풍석을 청계천 광통교를 짓는 다릿 돌로 쓰자고 한 것입니다. 이방원은 어머니 묘지의 돌을 다리의 재료로 쓰자는 청을 허락합니다. 결국 강씨 묘지에 놓였던 돌은 청계천의 다리가 되어 많은 이들에게 밟히게 되었지요. 조선 최초의 왕비인 신덕왕후 강씨는 조선시대를 통틀어 무덤이 파헤쳐진 유일한 왕후가 되고 말았습니다.

이토록 철저히 신덕왕후의 묘를 훼손한 데는 또 다른 이유도 있습니다. 1402년 11월, 신덕왕후의 친족이 원수를 갚겠다며 반란을 일으켰기 때문입니다. 그 뒤로 이방원은 여러 가지 방법을 동원하여 신덕왕후의 위상을 깎아내리려 했습니다. 훗날 태종 이방원의 뒤를 이어 왕이 된 세종은 신덕왕후의 초상화를 불태우기도 했지요. 신덕왕후에 대한 복수가 세종 대까지 이어진 것입니다.

이방원에 대한 역사적 평가는 지금까지도 현재진행형으로 이루어지고 있습니다. 그의 행보를 쫓다 보면 권력 앞에서 인간이 어디까지 냉혹해질 수 있는지 생각하게 됩니다. 그리고 만일 우

태종대 강원도 횡성군 강림천변 절벽 위에 위치한 바위. 이방원이 옛 스승 원천석을 만나러 이곳을 찾았으나 끝내 만나지 못하고 돌아간 곳이다. 원천석은 이방원이 세종에게 왕위를 물려주고 상왕이 된 후에 자신을 부르자 어명을 어길 수 없어 입궐했지만 백의를 입고 들어가서 이방원의 형제간 실육 등에 대해 무언의 항거를 했다. 문화재청 제공.

벌거벗은 한국사

리가 그런 권력 앞에 서게 된다면 어떻게 행동할지 생각해보게 만들지요.

서울 시내 한복판 청계천 광통교에 숨어 있던 잔혹한 골육상쟁의 비극. 그 비극의 시작은 결국 권력에 대한 욕심 때문이 아니었을까요? 자신이 원하는 바를 이루기 위해 가족까지 짓밟는 비정한 길을 택했던 이방원의 이야기를 통해, 역사의 교훈을 무겁게 받아들이는 기회를 가져보는 것도 좋을 것 같습니다.

2부

세상을 놀라게 한 사람들

5장

멀거벗은 폐왕

송웅섭(총신대학교 역사교육과 교수) · 노규식(정신건강의학과 전문의)

연산군은 왜
미치광이가 되었나

역대 조선 왕의 계보를 외울 때 가장 많이 쓰는 방법은 왕 이름 앞 글자만 외우는 방법입니다. '태정태세문단세, 예성연중인명선⋯⋯' 하면서 말이죠. 왕 이름은 대부분 '조祖'나 '종宗'으로 끝나기 때문에 앞 글자만 외워두면 그 순서를 파악할 수 있죠. 그런데 조선 27명의 왕 중 단 2명만이 '군君'으로 끝나는 이름을 가지고 있습니다. 바로 제10대 왕 연산군과 제15대 왕 광해군입니다. 이들은 왕위에 오르긴 했으나 재위 시절 반정으로 폐위되었습니다. 그래서 왕이 죽은 뒤 그 업적을 기리기 위해 붙이는 이름인 묘호를 얻지 못하고, 왕자에게 주어지는 이름인 군호로 불리게 되었지요.

특히 연산군은 조선 최초로 신하들에 의해 폐위된 왕입니다. 그

연산군일기 연산군 재위 기간 동안의 국정에 대한 기록으로 폐위 후 일기청에서 편찬했다. 무오사화 이후의 분량이 소략한데, 연산군의 사관 탄압과 갑자사화의 영향으로 실록의 자료가 되는 시정기 작성이 부실했기 때문이다. 서울대학교 규장각한국학연구원 제공.

래서일까요? 그는 조선 최악의 폭군, 패륜의 대명사로 유명하고 향락, 사치, 살인귀 등 부정적인 수식어를 몰고 다닙니다.

《연산군일기》에도 연산군이 저지른 온갖 악행이 기록되어 있습니다. 술과 여자에 빠져 국정을 소홀히 했고, 마음에 안 든다는 이유로 너무 쉽게 사람들을 죽였죠. 그 방법도 극악무도하여 믿기 어려울 정도입니다. 야사에는 한층 더 자극적인 이야기들이 실려 있는데, 흥미를 돋우는 내용이 워낙 많다 보니 소설이나 드라마, 영화의 단골 소재로 사용되고 있습니다.

폭주 기관차처럼 폭정을 저지르다가 끝내 폐위되고 만 연산군. 그는 태어날 때부터 폭군의 기질이 있었던 것일까요? 대체 어떤 일이 있었기에 그토록 끔찍한 살육의 행보를 걷게 된 것일까요? 지금부터 폭군으로만 기억되는 연산군의 비밀스러운 속내를 벗겨 보려 합니다.

조선의 경사,
적장자 연산의 탄생

연산군은 조선 제9대 왕 성종과 중전 윤씨 사이에서 적장자로 태어났습니다. 적장자란 정비의 소생 중에서도 맏아들을 의미합니다. 연산군의 어머니인 윤씨는 원래 후궁이었는데, 성종의 첫 번째 중전인 공혜왕후가 자녀 없이 일찍 세상을 떠나자 연산군을 임신하고 있던 윤씨가 중전 자리에 오르게 되었습니다.

조선 시대에는 적장자가 왕위를 계승한다는 원칙이 있었지만, 27명의 왕 가운데 적장자로 태어난 사람은 단 7명뿐입니다. 그만큼 흔치 않은 일이었지요. 성종만 하더라도 예종의 아들이 아닌 조카였고, 그중에서도 차남이었습니다. 그런 그에게 정통성을 지닌 왕실의 후계자가 탄생했으니 얼마나 기뻤을까요? 적장자 연산군은 성종의 기쁨이자 조선의 경사였습니다.

그러나 흥겨운 분위기는 오래가지 못했습니다. 비극이 벌어진 날은 연산군이 4살이 되던 해, 1479년 6월 1일이었습니다. 중전 윤씨의 생일이었죠. 하지만 성종은 그날 밤 중전이 아닌 다른 후궁의 처소를 찾았습니다. 이 사실을 알게 된 윤씨는 화를 참지 못하고 직접 성종이 있는 방으로 쫓아갔죠. 방에 들이닥친 윤씨는 후궁을 내쫓은 뒤 성종과 큰 부부싸움을 벌입니다. 얼마나 심하게 싸웠는지 싸움 도중 성종의 얼굴, 즉 용안에 손톱자국까지 냈다고 해요.

성종은 이 일을 심각하게 받아들였고, 바로 다음 날 윤씨의 신분과 지위를 빼앗아 폐서인^{廢庶人}으로 만들어 궁에서 내쫓아버렸습니다.

여기까지가 우리가 흔히 알고 있던 내용입니다. 이 이야기는 드라마나 영화에 단골로 등장하지만 실록이 아니라 안로라는 사람이 쓴 《기묘록^{己卯錄}》이라는 책에 수록된 이야기입니다. 실록에 기록된 이야기는 조금 다르지요. 실록에 따르면 성종이 중전을 폐위시킨 이유는 따로 있습니다.

> "윤씨가 몰래 독약을 품고 사람을 해치고자 하여 건시와 비상을 주머니에 같이 넣어두었으니, 이것이 나에게 먹이고자 한 것인지도 알 수 없지 않은가?"
>
> "항상 나를 볼 때, 일찍이 낯빛을 온화하게 하지 않았으며, 혹은 나의 발자취를 찾아서 없애버리겠다고 말하였다."
>
> 《성종실록》 105권, 10년(1479) 6월 5일

중전을 폐위시킨 성종 10년(1479년)으로부터 2년 전, 성종 8년에도 한 차례 폐비 논의가 있었습니다. 폐비의 처소에서 독약의 일종인 비상과 남을 해하는 저주를 담은 주술서인 방양서가 발견되었기 때문이죠. 그때 중전은 후궁을 독살하려 한다는 혐의를 받았습니다. 과도한 투기로 인해 중전으로서 품위를 상실했다는 명목으로 폐위가 논의되었으나 중단됐지요.

이미 한 차례 논의가 이루어졌다가 중단된 경험이 있어서일까요? 이번에 성종은 중전의 폐위를 강하게 주장합니다. 성종은 폐비 사유로 예전에 자신이 다른 후궁의 처소에 있었는데 중전이 불쑥 들어온 일과 이전에도 실덕해서 폐위하고자 했으나 신료들의 반대로 실행하지 못한 일을 말하고, 마지막으로 칠거지악七去之惡 중에 '말이 많으면 버린다', '순종하지 아니하면 버린다', '질투를 하면 버린다'라는 항목을 언급합니다.

결국 연산군의 생모인 윤씨는 생일 다음 날에 쫓겨나 폐비가 되었습니다. 성종은 그것도 모자라 3년 후, 폐비 윤씨에게 사약을 내려 죽입니다. 연산군이 7살이 되던 성종 13년의 일이었습니다. 7살의 어린아이가 감당하기엔 너무 힘든 일이었을 텐데, 연산군은 별다른 반응이 없었습니다. 놀랍게도 어머니의 죽음을 전혀 몰랐기 때문입니다.

성종은 폐비 윤씨의 죽음과 관련된 일을 아들에게 알리지 않았습니다. 자신이 죽은 뒤에도 연산군이 그 일을 알지 못하게 할 것, 폐비를 왕비로 복위시키지 말 것을 유언으로 남겼습니다. 너무 어린 나이라 어머니가 폐서인이 되어 궁궐에서 쫓겨난 것을 기억하지 못하고, 외가와도 교류가 거의 없었던 연산군. 그런 연산군은 새 중전이 된 성종의 세 번째 왕비 정현왕후를 자신의 친어머니로 믿고 자라게 됩니다.

공부를 싫어하는
세자

폐비 윤씨가 사약을 받고 죽은 다음 해에 연산군은 세자로 책봉되었습니다. 8살 때의 일이지요. 축하와 기쁨 속에서 태어난 연산군이지만 성장하면서는 아버지 성종에게 끊임없는 걱정거리를 안겨주었습니다. 그다지 말을 잘 듣는 아이가 아니었기 때문이죠. 성종이 내내 아들 걱정을 했을 정도라고 합니다.

하루는 성종과 연산군이 함께 궁을 거닐고 있었는데, 성종이 아끼던 사슴 한 마리가 연산군에게 다가갔습니다. 사슴은 어린 연산군의 손을 핥았지요. 성종은 아마 그런 장면을 흐뭇하게 바라보고 있었을 것입니다. 그런데 놀랍게도 연산군은 그 사슴을 발로 뻥 차버렸습니다. 그 모습을 본 성종은 얼마나 놀랐을까요? 눈앞에서 자신이 아끼는 사슴을 차버린 연산군에게 어찌 그리 잔인하냐며 꾸짖었다고 합니다.

연산군의 유별난 성격을 짐작할 수 있는 일화는 또 있습니다. 할머니인 소혜왕후에게 술을 올리는 중요한 자리가 있었는데, 세자인 연산군이 오지 않았습니다. 성종은 궁녀를 시켜 연산군을 오게 했습니다. 하지만 연산군은 아버지가 보낸 궁녀를 향해 이렇게 말합니다.

"가서 내가 아프다고 해라. 그렇게 하지 않으면 훗날 널 죽일 테다!"

이런 행동들도 놀랍지만, 성종이 가장 걱정했던 부분은 따로 있었습니다. 세자인 연산군이 공부를 좋아하지 않는다는 점이었지요. 연산군의 아버지인 성종은 요즘으로 말하면 모범생이자 우등생이었습니다. 그는 정치·경제·문화·사회를 아우르는 법전인《경국대전》을 완성하며 조선 정치제도의 기틀을 만든 왕입니다. 법률을 만들 정도이니 얼마나 공부를 열심히 했겠어요? 성종은 재위 기간 25년 내내 학업과 국정 운영에 성실히 임한 모범 군주였습니다.

조선 시대에는 왕과 신하들이 유교의 경서와 역사 등의 학문을 배우고 토론하는 경연經筵이라는 자리가 있었는데, 성종이 평생 참여한 경연 횟수가 8천 회를 넘을 정도라 합니다. 조선 왕 중에서도 단연 압도적인 횟수를 자랑하지요.

모범생도 그냥 모범생이 아니었던 성종이 보기에 아들 연산군은 공부하는 것을 너무 게을리하고 싫어했습니다. 이런 아들을 지켜보던 그는 결국 특단의 조치를 취했습니다.

> "세자는 지금 17세인데도 문리를 이해하지 못하니 매우 걱정된다. 앞으로는 서연관들이 사흘에 한 번씩 강론해서 은미한 표현과 오묘한 의미를 모두 정밀하게 해석하도록 해야 할 것이다."
>
> 《성종실록》 261권, 23년(1492) 1월 19일

서연관은 조선 시대에 왕세자들의 교육을 담당하는 관리였습니다. 그러니까 성종은 서연관을 이용해 연산군에게 보충 수업을 시킨 셈입니다. 자신과는 달리 학문보다 시 쓰고 노래하고 춤추는 걸 좋아하는 아들이 공부에 힘쓰기를 바라는 아버지의 걱정이 느껴지지요.

강한 왕권을 꿈꾸는 왕과 반대하는 신하들

1494년, 너무 달랐던 아버지 밑에서 자란 연산군은 마침내 11년간의 세자 수업을 마치고 병으로 죽은 성종의 뒤를 이어 19세의 나이로 왕위에 오릅니다. 그런데 즉위 첫날부터 연산군은 충격적인 일을 벌입니다.

조선 후기의 학자 이긍익이 쓴 《연려실기술》에 따르면 연산군은 즉위 첫날 성종이 아꼈던 사슴을 활로 쏴 죽입니다. 성종 앞에서 그 사슴을 발로 뻥 찼다가 혼났던 일을 그때까지 기억하고 있었던 모양입니다.

연산군은 이처럼 무슨 일이든 자기 뜻대로 하고자 하는 성향과 고집이 있는 사람이었던 것 같습니다. 그런데 생각과 달리 최고의 자리인 왕위에 올라도 마음대로 할 수 있는 일은 별로 없었습니다.

사사건건 "아니 되옵니다, 전하!"를 외치는 신하들이 너무 많았기 때문이죠. 특히 왕의 잘못을 지적하는 삼사三司는 연산군에게 눈엣가시 같은 곳이었습니다.

삼사는 사헌부司憲府, 사간원司諫院, 홍문관弘文館을 가리키는 말입니다. 하나씩 살펴보면, 우선 사헌부는 관직에 있는 자를 감찰하는 기구인데 현재의 검찰 및 감사원의 기능을 했습니다. 사간원은 왕과 신하의 잘못을 판단하고 비판하는 기관으로 언론기관이라 할 수 있습니다. 홍문관은 경연을 준비하고 정치를 연구하며 왕이 궁금해하는 일에 자문을 맡은 기관입니다. 즉 삼사는 현재의 사정기관, 언론기관, 학술기관을 합해놓은 최정예 엘리트 집단이라고 볼 수 있지요. 언론을 담당하는 이 세 기관을 일컬어 삼사, 혹은 언론 삼사라고 했습니다.

삼사는 왕이 잘못하는 일이 있으면 잘못을 지적하는 곳이기도 했습니다. 그런데 연산군은 성종이 죽은 바로 다음 날부터 삼사와 기 싸움을 시작했습니다. 바로 아버지 성종의 제사, 수륙재水陸齋 때문이었습니다. 수륙재는 장수나 명복을 비는 불교식 제례인데, 선왕을 추모하는 목적으로 왕실에서 계속 시행해오던 것이었습니다. 연산군도 관례대로 수륙재를 지내기로 했지요.

그런데 삼사가 반기를 들고 나섰습니다. 성종이 유교 질서를 구축하기 위해 매우 노력한 왕인데, 그런 성종에게 불교식 제례를 시행하는 건 맞지 않다며 반대한 것이지요. "수륙재는 유교적인 의례가 아니며, 성리학 질서를 추구한 선왕께 불교식 의례를 시행할 수 없습니다."

항상 지내던 제사인데 왜 연산군 때에 이런 갈등이 일어난 것일까요? 역사를 되짚어보면 성종 대부터 국왕과 언론 삼사 사이의 갈등이 심화되고 있었습니다. 삼사의 영향력이 매우 커졌기 때문입니다. 그러던 와중에 수륙재로 왕과 삼사 관원들 사이에 갈등이 불거진 것이지요. 명분도 충분했습니다. 불교는 이단이고, 이단의 의례를 유학의 군주인 성종에게 적용할 수 없다는 것이었지요.

삼사도 이 시기에 굉장히 강성이었던 것이, 한번 안건을 내면 보통은 한 달, 길면 5개월간 그 안건이 처리될 때까지 왕과 간쟁했다고 합니다. 심지어는 하루에 11차례나 같은 안건을 허락해달라고 상소를 올리기도 했지요. 왕의 입장에서는 모욕감을 느낄 수도 있었을 것입니다. 연산군과 언론 삼사의 위태로운 힘겨루기는 몇 년이나 계속되었지요.

강한 왕권을 꿈꿨던 연산군에게 언론 삼사는 사사건건 딴지를 거는 존재로 느껴졌을 것입니다. 내면에는 삼사에 대한 분노가 차곡차곡 쌓였을 테지요. 특히 연산군은 능상凌上, 즉 아랫사람이 윗사람을 업신여기는 것에 크게 분노했습니다. 의견이 다른 것이 아니라 신하들이 자신을 무시한다고 생각한 것입니다.

반대하는 삼사의 목을 쳐라!
무오사화

연산군과 삼사의 첨예한 갈등이 계속되는 가운데, 연산군은 즉위 4년이 되던 해에 결단을 내립니다. 자신에게 사사건건 반대하는 신하들을 제거하기로 마음먹은 것이지요.

1498년 7월 17일, 조선을 발칵 뒤집어놓은 사건이 벌어집니다. 여러 재상과 사헌부, 사간원, 홍문관 등 삼사의 관리들이 한자리에 모여 있는데 그곳으로 수십 명의 병사들이 들이닥친 것입니다. 갑자기 나타난 병사들의 손에는 철쇄가 들려 있었고, 그들은 관료들을 무자비하게 끌고 나갔습니다. 이 사건이 바로 연산군 폭정의 서막인 무오사화戊午士禍입니다.

사화란 선비 사士, 재앙 화禍라는 한자에서 알 수 있듯이 선비들이 화를 입은 사건을 말합니다. 무오년에 일어난 사화라서 무오사화라고 하지요. 조선 시대에는 총 4번의 사화가 있었는데, 연산군이 일으킨 무오사화는 조선 최초의 사화였습니다.

무오사화는 사초에서 시작되었습니다. 왕이 죽으면 그 왕의 행적들을 정리하여 기록으로 남기는 데 이를 실록이라 합니다.《태조실록》,《세종실록》처럼 역대 왕들이 재위 기간에 한 일을 날짜 순서에 따라 적은 것이지요. 이 실록을 만들려면 기본적인 자료가 있어야 하는데, 사관이 적어둔 사초가 바로 그 자료가 됩니다. 그런데 이 사초에서 문제가 되는 내용을 발견한 것입니다. 연산군을 분노케 한 사초는 연산군의 증조할아버지인 제7대 왕 세조에 관한 것이었습니다. 그 내용은 무엇이었을까요?

문제가 된 사초는 총 세 가지였습니다. 첫 번째는 세조가 자신의 아들이자 성종의 아버지였던 의경세자의 후궁 권씨를 불러들였지만 권씨가 분부를 따르지 않았다는 기록, 두 번째는 세조가 자신의 조카 단종의 어머니이자 자신의 형 문종의 아내였던 현덕왕후의 관을 무덤에서 파내 바다에 버렸다는 기록, 세 번째는 단종의 시체가 함부로 버려져 까마귀와 솔개가 날아와 쪼았으며 이후 어떻게 되었는지 알 수가 없다는 기록이었습니다.

첫 번째 기록은 시아버지인 세조가 홀로된 며느리를 취하려 했

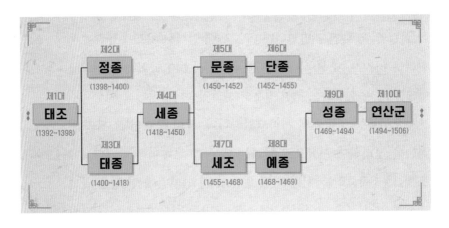

조선 왕의 계보

다는, 입에 담기 힘든 내용입니다. 다음 사초 또한 형수의 관을 파내 바다에 버렸다는 내용이니 얼마나 극악무도한가요. 세 번째 사초 역시 세조가 조카인 단종의 시체를 함부로 방치한 채 버렸다는 말이니, 모두 세조가 끔찍한 패륜 행각을 저지른 왕이었다고 말하는 것입니다. 세조는 성종의 할아버지이자 연산군의 증조할아버지이니, 세조를 욕하는 것은 곧 그 후손인 성종과 연산군을 모욕하는 것과 마찬가지였지요.

그렇다면 연산군에게 이 사초를 보고하고 분노의 불씨를 지핀 사람은 누구일까요? 바로 공작정치의 달인이자 영악한 간신으로 평가받는 유자광입니다. 유자광은 각종 모함으로 출세한 인물입니다. 조정 신료들에게 신임을 받지 못해 따돌림을 당하고 있었지요. 유자광은 앞에 나서서 사초 문제를 키우면 연산군의 눈에도 들 수 있고 더 나아가 출세의 발판으로 삼을 수 있다고 판단했을 것입니다.

유자광의 예상대로 사초를 읽은 연산군은 크게 분노했고 문제의 사초를 쓴 김일손이라는 사관을 당장 잡아들이라고 명령했습니다. 마침 김일손은 눈엣가시 같았던 삼사의 무리들과 관련이 깊은 인물이었지요. 연산군에게 이번 사건은 삼사를 무너뜨릴 기회였습니다.

무오사화의 절정
잔인한 처형

그런데 여기서 끝이 아니었습니다. 유자광은 연산군을 더욱 분노하게 만들 두 번째 불씨를 가져다줍니다. 바로 김일손의 스승인 김종직이란 인물이 쓴 〈조의제문弔義帝文〉이지요.

> "나는 초 회왕 '손심'인데, 서초패왕 '항우'에게 살해되어 침강에 빠뜨려졌다. (…) 하늘과 땅이 끝도 없듯 한恨도 어찌 다하리오. 회왕의 혼은 지금까지도 떠돌아다니는구나."
>
> 김종직, 〈조의제문〉

〈조의제문〉은 문신 김종직이 꿈을 꾸고 지은 조문弔文입니다. 초나라 회왕이 나타나 자신이 항우에게 살해되어 버려졌다고 말하는 내용이지요. 중국의 일로, 조선과는 상관없는 이야기인데 왜 문제가 되었을까요? 회왕을 단종으로, 항우를 세조로 생각하고 읽어보면 이해할 수 있습니다. 〈조의제문〉은 조카 단종을 죽이면서까지 왕위를 탐낸 세조를 비판하는 내용이었던 것입니다. 단종이 세조에게 죽임을 당해 버려졌는데 그 단종이 너무 불쌍하다는 뜻으로 읽히는 것이지요.

모함의 기회를 잡은 유자광은 〈조의제문〉을 하나하나 해석해서 연산군에게 이것을 쓴 자를 처벌해야 한다는 글을 올렸습니다.

> 유자광이 김종직의 조의제문을 구절마다 풀이해서 아뢰기를 "이
> 사람이 감히 이러한 부도한 말을 했다니, 청컨대 법에 의하여 죄를
> 다스리옵소서."
>
> 《연산군일기》 30권, 4년(1498) 7월 15일

연산군은 자신의 증조할아버지인 세조를 욕하는 것이 성종과 자신을 욕보이는 것과 같다고 생각하고 분노했습니다. 그리고 삼사가 왕실을 무시하는 데에 그치지 않고 세조 이후 이어진 왕실 전체의 정통성을 부정한다고 생각했죠. 삼사가 마음에 들지 않았던 연산군은 이들을 '붕당조성죄'로 엮어 치기로 합니다.

붕당은 정치적인 입장이나 학맥에 따라 모인 집단인데, 신하들끼리 모여서 일종의 정치 세력을 형성하는 것입니다. 군주를 배제하고 신하들끼리 무리 짓는 못된 행동으로 간주되었기 때문에 붕당조성죄는 중범죄로 취급했습니다. 붕당을 조성한 사람은 사형에 처했고, 그의 아내와 자식들은 노비로 만들고 재산까지 몰수하는 엄한 벌을 내렸죠. 그래서 유자광은 김종직을 붕당의 우두머리로 규정하고 김일손을 비롯한 당시 삼사 관료들을 김종직의 무리로 엮어 처벌을 요청했어요. 그리고 연산군이 이를 받아들이죠.

무오사화에는 신하들끼리의 대결 너머, 자신을 괴롭힌 삼사를

치겠다는 연산군의 의도가 숨어 있습니다. 군주의 입장에서 보자면 국정 주도권을 확보하고 관료 조직에 대한 왕의 통제력을 강화하려는 목적이 있는 것이죠. 사초가 선왕을 욕보인 측면도 있지만, 결국 붕당조성죄라는 죄명으로 삼사 관료들을 단죄한 것은 연산군의 결정이었습니다. 연산군이 유자광에게 속은 것이 아니라, 연산군의 마음을 간파하고 있던 유자광이 연산군에게 삼사 관료들을 제압할 명분을 제공한 셈입니다.

논란의 중심이었던 김일손은 극형인 능지처사陵遲處死를 당했습니다. 대역죄를 지은 자에게 내리는 극형으로 머리와 양팔, 양다리, 몸통 등 몸을 여섯 부분으로 찢어 사람들로 하여금 공포심을 갖게 했던 끔찍한 형벌이었습니다.

〈조의제문〉을 작성한 김종직은 어떤 처벌을 받았을까요? 사실 김종직은 벌을 할 수가 없는 상황이었습니다. 그가 이미 6년 전에 병으로 사망했기 때문이지요. 그럼에도 연산군은 그에게 부관참시剖棺斬屍라는, 죄인을 두 번 죽이는 극형을 내렸습니다. 땅에 묻힌 김종직의 무덤을 파서 관을 꺼내어 시체의 목을 벤 뒤 거리에 걸어둔 것입니다. 연산군의 피바람은 쉽게 끝나지 않았습니다. 그 외에도 50여 명이 사형, 유배, 파직을 당하고 나서야 조선 최초의 사화인 무오사화는 끝을 맺게 됩니다.

무오사화로 삼사를 제압함으로써 연산군은 강력한 왕권 회복을 꿈꿨을 것입니다. 삼사의 권력이 너무 강하니 이에 브레이크를 걸고 국정 전반을 장악하기 위한 일종의 왕권 회복 프로젝트를 한 것이지요. 피의 살육 덕분에 연산군의 의도는 어느 정도 성공한 듯 보였습니다.

사치의 끝판왕 연산군과 고통받는 백성들

무오사화 이후 누구도 막을 수 없는 폭주 기관차가 된 연산군. 그는 피를 통해 얻은 권력을 민생이 아니라 자신의 욕망을 채우는 데 사용하기 시작합니다. 매일 연회를 벌여 술을 마시고 여색을 즐기는 데 집중했던 연산군은 궁궐의 담을 높게 쌓은 것은 물론, 금표를 설치해 궁궐 내부를 볼 수 있는 고지대에 있는 집들을 싹 없애버렸습니다. 심지어 멀쩡히 살고 있는 주민들을 몰아내고 거기에 동물들을 기르기도 했습니다. 자신이 노는 모습을 백성들이 보지 못하도록 하기 위해서였습니다. 하루아침에 삶의 터전을 잃어버렸으니 백성들에게는 날벼락 같은 일이었지요.

비석처럼 생긴 금표는 금지나 경고를 나타낸 표지를 말합니다. 경기도 고양시 대자동에 남아 있는 금표를 살펴보면 '금표내범입자논기훼제서율처참禁標內犯入者論棄毁制書律處斬'이라고 쓰여 있습니다. 금표 안에 들어온 사람은 '기훼제서율'이라는 형벌로 논하여 처벌하

연산군시대 금표비 문화재청 제공

겠다는 뜻인데, 한마디로 금표 안을 무단 침입할 경우 처형한다는 내용입니다. 금표 안으로 들어간 사람은 목을 베어버릴 뿐만 아니라 자른 머리를 높은 곳에 매달아두는 효수형을 당하기도 했습니다. 상상만 해도 참혹한 광경이지요.

연산군 말기에는 이 같은 금표가 도성 밖 100리, 지금으로 말하자면 40킬로미터까지 있었다고 합니다. 한강 북쪽으로는 파주, 양주, 포천, 남쪽으로는 김포에서 경기도 광주까지 이르는 어마어마한 범위입니다.

"도성 사방에 100리를 한계로 모두 금표를 세워 그 안에 있는 주현과 군읍을 폐지했다. 주민을 철거시킨 다음 사냥터로 삼아 수백 리를 풀밭으로 만들어 금수를 기르는 마당으로 삼았고, 여기에 들어가는 자는 목을 베었다."

《연산군일기》 63권, 12년(1506) 9월 2일

권력에 심취한 연산군은 향락뿐만 아니라 사치에도 빠져들었습니다. 관리와 백성을 채근해 각종 진상품을 바치게 했는데, 그 목록을 살펴보면 소라 껍데기로 만든 술잔 300개, 공작 날개, 흰고래 수염 20개, 검은 말발굽 200개 등 구하기 어려운 것들뿐이었습니다. 이마저도 정말 필요한 것들이 아니라 연산군이 놀고 즐기기 위한 물품들이었죠. 이는 고스란히 민생의 부담으로 이어졌고, 자연히 국가 재정도 악화되었습니다. 연산군 재위 5년부터는 왕실에서 쓰는 돈이 나라에서 걷는 세금보다 많을 정도였습니다.

연산군이 이처럼 막 나가던 어느 날, 한 여인이 나타납니다. 연산군을 뒤흔든 것으로 유명한 팜므파탈, 장녹수입니다. 사실 장녹수는 연산군보다 나이가 많은 데다가 자식까지 있는 유부녀였습니다. 다만 춤과 노래 솜씨가 무척 탁월하여 그에 반한 연산군이 궁궐로 불러들였죠. 연산군을 어린아이 취급하고 노예 부리듯 조롱하기도 했지만, 연산군은 장녹수의 그런 모습까지도 좋아했다고 합니다.

장녹수는 왕의 총애를 한 몸에 받아 금세 종3품인 숙용이 되었습니다. 그 위세가 대단해서 종2품 관리와 장녹수의 노비 사이에 싸움이 났는데 오히려 양반이 벌을 받는 어처구니없는 일이 일어나기도 합니다. 그 양반은 장녹수에게 뇌물을 바치고 나서야 겨우 풀려났습니다. 어떤 기생은 장녹수의 치마를 밟았다는 이유로 죽임을 당했고, 승은을 입은 궁녀들 또한 장녹수의 한마디에 참형을 당했습니다. 이런 기막힌 일들이 벌어질 때마다 아무도 나서지 못했습니다.

어머니를 죽한 자 처형하라!
갑자사화

연산군의 실정이 인내심의 한계에 다다르자 무오사화 이후 바짝 엎드렸던 신하들도 더 이상 참지 못하고 불만을 터뜨렸습니다. 연산군 8년, 의정부의 세 정승 영의정과 좌의정, 우의정은 왕에게 '시폐 10조'를 올립니다. 삼정승이 올린 '시폐 10조'는 연산군이 저지른 폐단과 실정이 열 가지 항목으로 기술되어 있는데, 경연을 폐지하고 정사를 돌보지 않는 일부터 아무 때나 진상품을 요구해 백성들에게 피해를 주는 일까지 조목조목 적혀 있었습니다.

불쾌해진 연산군은 신하들에게 자신을 무시하지 말라고 다시 한번 능상에 대해 경고합니다. 연산군과 삼사 사이의 대립이 또 시작된 것입니다. 팽팽한 긴장감이 감돌던 조정에 결국 피바람이 불어닥칩니다. 무오사화 6년 후, 1504년 갑자년에 두 번째 사화인 갑자사화甲子士禍가 발발한 것이지요.

연산군 재위 10년에 일어난 갑자사화는 무오사화와 비교가 안 될 정도로 많은 피를 궁궐에 뿌렸습니다. 유자광이 그랬듯 갑자사화 또한 이 피바람을 부채질한 이들이 있으니, 바로 조선 시대 희대의 간신 임사홍과 임숭재 부자입니다.

1504년 3월 19일, 연산군은 평소와 같이 총애하던 임숭재의 집에서 술을 마셨습니다. 그런데 그날따라 함께 있던 임사홍의 얼굴이 무척 어두웠습니다. 무슨 일이 있느냐고 묻는 연산군에게 임사홍은 뜻밖에도 연산군의 친모인 폐비 윤씨에 관한 말을 꺼냈습니다.

"전하, 폐비한 일이 애통합니다!"

그러고는 어머니 폐비 윤씨의 죽음에 관한 전모를 밝히기 시작했습니다. 성종의 후궁 엄씨와 정씨가 윤씨를 모함했고, 그 중상모략에 윤씨가 죽임을 당했다는 내용이었지요. 즉 계모들의 모함에 의해 친모가 억울하게 죽었다는 것입니다. 임사홍의 이야기를 들은 연산군은 자리를 박차고 일어나 궁궐로 향했습니다.

> 왕이 모비 윤씨가 폐위되고 죽은 것이 엄씨와 정씨의 참소 때문이라 하여 밤에 엄씨와 정씨를 대궐 뜰에 결박하여 놓고 손수 마구 치고 짓밟다가, 항과 봉을 불러 엄씨와 정씨를 가리키며 "이 죄인을 치라" 하니 항은 어두워서 누군지 모르고 치고, 봉은 마음속에 어머니임을 알고 차마 장을 대지 못하니, 왕이 불쾌하게 여겨 사람을 시켜 마구 치되 갖은 참혹한 짓을 하여 마침내 죽였다.
>
> 《연산군일기》 52권, 10년(1504) 3월 20일

궁궐에 도착한 연산군은 엄씨와 정씨를 대궐의 뜰로 질질 끌고

나왔습니다. 그러고는 엄씨와 정씨의 아들이자 자신의 이복형제인 이항과 이봉까지 불러들여 이렇게 명령합니다.

"이 죄인을 쳐라!"

칠흑같이 어두운 밤, 영문도 모른 채 끌려 나온 항과 봉은 벌벌 떨었습니다. 항은 누군지도 모르고 자신의 어머니를 때렸고, 봉은 자기 앞에 있는 사람이 어머니임을 눈치채고 차마 때리지 못했다고 합니다. 그 모습을 지켜보던 연산군은 사람을 시켜 아들들의 눈앞에서 엄씨와 정씨를 때려 죽이고 말았습니다.

잔혹한 복수는 여기서 끝이 아니었습니다. 연산군은 이복동생들의 머리채를 쥔 채 자신의 할머니인 인수대비의 침소로 가서 따졌습니다.

"대비는 어찌하여 우리 어머니를 죽였습니까?"

병중이던 인수대비는 손자의 패륜에 가슴이 막혔다고 합니다. 실록에 기록되지 않았지만 야사에는 그날 이후 화병을 얻었다는 이야기도 있습니다. 결국 인수대비는 그로부터 한 달이 지나 세상을 떠나고 말지요.

복수심으로 들끓었던 밤은 그렇게 지나갔지만, 광기는 끝나지 않았습니다. 연산군은 폐비 윤씨를 모함했다는 혐의로 엄씨와 정씨의 시신을 갈기갈기 찢고 그 시신을 소금에 절여 젓갈로 만들라고 명령합니다. 그것도 모자라서 시신으로 만든 젓갈을 온 산과 들에 뿌렸다고 하죠. 믿기 힘든 잔혹한 이야기입니다. 그 사실을 안 백성들은 얼마나 공포스러웠을까요?

어머니 폐비 윤씨
죽음의 진실은?

앞의 이야기에 따르면 연산군이 이토록 끔찍한 방식으로 복수를 감행하게 된 계기는 임사홍, 임숭재 부자와 술을 마시다가 어머니의 죽음을 알게 되었기 때문입니다. 그런데 드라마에서 흔히 나오는 이야기는 이와 좀 다릅니다. 사약을 마신 폐비 윤씨가 피를 토하며 나중에 피 묻은 적삼을 연산군에게 보여주라는 유언을 남기고, 윤씨의 어머니가 그 적삼을 보관하고 있다가 연산군에게 건네줍니다. 외할머니에게서 피 묻은 적삼을 받아 든 연산군은 분노로 이성을 잃고 날뛰게 되지요. 하지만 이는 실록에 기록되어 있지 않은 이야기입니다. 술자리에서 피 묻은 적삼을 본 것이 아니라면 연산군은 언제, 어떻게 어머니의 죽음을 알게 되었을까요?

연산군이 어머니의 죽음을 어린 시절부터 알고 있을 것이라는 주장도 있습니다. 기록에 따르면 연산군은 왕이 된 해에 성종의 묘지문에서 외할아버지의 이름을 처음 발견했습니다. 정현왕후가 친모인 줄 알았던 연산군은 외할아버지의 이름이 '윤호'인 줄로 알고 있었으나 묘지문에는 '윤기견'이라는 이름이 있었지요.

"이 이름은 무엇이냐? 외할아버지의 이름이 잘못된 것 같다."

연산군의 물음에 신하들은 뜻밖의 이야기를 했습니다.

"사실 그분은 폐비 윤씨의 아버지인데, 윤씨가 왕비로 책봉되기 전에 죽었습니다."

이때 처음으로 연산군은 어머니의 죽음을 알게 되었습니다. 친모인 줄 알았던 어머니는 계모이고 친모는 아버지에게 사약을 받아 죽었다니, 큰 충격과 슬픔이 찾아왔을 것입니다. 어머니의 죽음에 관한 진실을 알게 된 그날, 연산군은 밥까지 걸렀다고 합니다.

> "왕이 비로소 윤씨가 죄로 폐위되어 죽은 줄을 알고, 수라를 들지 않았다."
>
> 《연산군일기》 4권, 1년(1495) 3월 16일

즉, 연산군은 임사홍이 말해주기 전부터 폐비 윤씨의 일을 알고 있었습니다. 다만 그 구체적인 내막에 대해서는 몰랐을 것입니다. 폐비 윤씨의 죽음이 후궁들의 모함 때문이었다는 연산군의 판단에 임사홍이 실마리를 제공하면서, 오랫동안 쌓여 있던 비통함이 폭발하여 분노를 표출하는 계기가 되었을 것입니다. 그는 폐비 논의가 처음 시작되었을 때 윤씨의 폐위를 적극적으로 반대한 인물입니다. 왕실에 관해 누구보다 많은 정보를 갖고 있던 그의 이야기가 결국 연산군을 폭주하게 만들었던 것입니다.

공포정치로
권력을 장악하다

 엄씨와 정씨의 끔찍한 죽음은 갑자사화의 시작일 뿐이었습니다. 폐비 윤씨의 죽음에 찬성한 자들, 동조하고 묵인한 자들은 모두 끌려 나와 그 죗값을 치러야 했습니다. 7개월에 걸쳐 수많은 사람들이 재산을 빼앗기고 유배를 가거나 사형을 당했습니다. 그 수가 무려 200여 명에 달했으니, 궁궐에 있던 수많은 신하들이 하루아침에 사라진 셈입니다. 갑자사화가 피의 복수극이라 불리는 이유지요.

 연산군은 신하들에게 무시무시한 선전포고를 했습니다.

 "앞으로는 작은 일이라도 위를 능멸하는 죄를 범한 자는 중죄로 처벌한다!"

> "위를 능멸하는 풍속을 이루었으니 고치지 않을 수 없다. 위를 능멸하는 죄를 범하는 일이 있으면 경중을 논할 것 없이 죄주어 경계할 줄을 알게 해야겠다."
>
> 《연산군일기》 53권, 10년(1504) 5월 7일

 이 말은 삼사고 대신이고 할 것 없이 곧 왕의 권위에 도전하는 자는 반드시 벌하겠다는 말입니다. 극악무도한 공포정치의 서막

이 열린 것이지요. 연산군은 조선 역사상 유례없는 방법으로 형벌을 가했습니다. 부관참시도 모자라 쇄골표풍碎骨飄風이라는 형벌을 만들었지요. 뼈 골骨 자와 바람 풍風 자가 들어간 이 말은 죽은 자의 묘비를 허물고 유골을 파내어 부순 다음, 그 가루를 바람에 날려 보낸다는 뜻입니다. 도덕과 인륜을 중시하는 성리학의 나라 조선에서 이보다 더 잔인한 형벌은 없었습니다. 당시 가치관으로는 상상도 할 수 없는 일이었지요. 아무리 왕이라도 절대 해서는 안 되는 행동이었습니다.

연산군이 이렇게까지 극악무도한 일을 벌인 것은 권위를 드러내는 방식으로 공포정치를 택했기 때문입니다. 군주로서의 군위를 드러내는 가장 효율적인 방법은 엄격하고 무서운 형벌을 내리는 것입니다. 애초에 연산군은 삼사와의 관계를 개선하려 하거나 조정 내의 문제들을 해결하려 하지 않았습니다. 그저 삼사의 과도한 견제가 싫어서 처벌하며 억압했지요. 무오사화 이후 삼사 관료들의 간쟁은 줄었지만, 연산군은 이마저도 능상이라며 불쾌해했습니다.

한번 폭력에 맛을 들인 연산군에게 공포정치는 자신의 권위를 수호하는 가장 좋은 방법이었습니다. 과도한 폭력과 그로 인한 공포, 이 두 가지만이 존재하는 통치 방식을 추구한 것이지요.

향락의 장이 된
궁궐

갑자사화 이후 연산군은 브레이크가 없는 기관차처럼 폭주를 거듭합니다. 국정은 내팽개친 채 술과 여자에 빠져 세월을 보내지요. 연산군은 각 고을에 모아둔 가무 기생을 운평運平이라 이름 붙이고, 그중에서도 가장 예쁘고 춤과 노래 솜씨가 좋은 사람들을 뽑아 흥청興淸이라고 불렀습니다. 흥청들에게 수시로 재물과 노비를 내리는 것은 물론, 그들의 부모를 한양으로 불러 집과 땅까지 사주었습니다.

왕이 정사를 보던 경복궁과 창덕궁은 연산군과 흥청들이 즐기는 놀이터가 되어버렸습니다. 특히 경복궁 경회루에서 자주 잔치를 벌였는데, 경회루 연못가에 만세산이라는 인공 동산을 만들고 그 위에 궁을 지어 금과 비단으로 꾸미기도 했습니다. 연못 위에 배를 띄워 뱃놀이를 즐기기도 했지요. 여기서 비롯된 말이 바로 '흥청망청興淸亡淸'입니다.

연산군 10년에 운평과 흥청의 수는 천 명이나 되었고, 이후에는 만 명으로 늘어났습니다. 그 많은 여성들을 데려올 수 있었던 것은 연산군이 '채홍사採紅使'라는 새로운 관직을 만들었기 때문입니다. 수집한다는 의미의 캘 채採, 여자를 뜻하는 붉을 홍紅 자를 쓴 채홍사는 '여자를 뽑는 관리'라는 뜻입니다. 갑자사화가 시작된 밤에

경복궁 경회루 경복궁 연못 안에 조성된 누각. 연산군 때 조성한 만세산과 월궁은 임진왜란 때 화재로 모두 소실되었다. 문화재청 제공.

연산군과 함께 술을 마신 임사홍과 임숭재 부자가 바로 채홍사였지요.

이 간신 부자는 각지에서 미녀들을 뽑아 궁궐로 들이기 위해 전국의 기생들을 끌고 간 것은 물론이고 온 나라를 샅샅이 수색해 백성들의 아내와 딸, 그리고 양반의 첩까지 마구잡이로 잡아 갔습니다. 이들은 왕의 신임을 얻기 위해 만행도 주저하지 않았는데, 임숭재는 이미 결혼한 자신의 누이동생까지도 연산군에게 바쳤습니다. 왕의 총애를 얻기 위해 차마 사람으로서 할 수 없는 행동까지 서슴지 않았던 것이죠. "죽어도 여한이 없으나, 전하께 미인을 바치지 못한 것이 한입니다"라는 유언만 봐도 임숭재가 얼마나 간신이었는지 짐작할 수 있습니다.

　이들에게 가족을 빼앗기는 백성들의 심정은 참담하기 그지없었을 것입니다. 채홍사가 기승을 부리던 시기에는 집집마다 원망과 통곡의 소리가 끊이지 않았다고 합니다.

신하들이 끌어내린 폭군의 쓸쓸한 최후

　주색에 빠져 무자비하게 권력을 휘두르고 성리학 이념까지 뒤엎은 연산군의 행패는 끝을 몰랐지만, 그의 최후는 다가오고 있었습니다. 숨죽여 지내던 신하들이 결국 마지막 패를 꺼내 든 것이지요. 미치광이 왕을 몰아내고 제대로 된 새 임금을 세우는 반정反正이란 패였습니다.

　연산군 12년 9월 1일 저녁, 마침내 신하들은 연산군을 몰아내고 중종을 추대하는 중종반정을 일으켰습니다. 반정을 주도한 신하들은 군사를 끌고 궁궐로 달려갔습니다. 그런데 그들의 곁에 뜻밖의 조력자가 있었으니, 바로 무오사화를 일으킨 간신 유자광이었습니다. 한때 최측근이었던 간신에게도 배신을 당한 셈이니, 연산군의 시대는 진정으로 막을 내리고 있었던 것입니다.

　반정 세력은 연산군의 최측근 임사홍을 제거하고 순식간에 궁궐을 에워쌌습니다. 상황을 눈치챈 궁궐의 장수와 시종, 내시들은 왕을 버리고 도망가기 바빴습니다. 궐 안이 잠시 비어버릴 정도였으니까요. 그사이 임금의 도장인 옥새를 확보한 반정 세력은 연산군을 폐한 뒤 중종을 새로운 왕으로 세웠습니다. 이렇게까지 하는 데 걸린 시간은 채 하루도 되지 않았습니다. 폭군 연산군의 허무한 최후였죠.

폐위된 연산군은 강화군 교동도로 유배를 갔습니다. 그리고 유배 생활 2개월 만인 중종 1년 11월, 전염병으로 사망하게 됩니다. 당시 그의 나이는 31세였습니다. 연산군이 죽자 그의 비였던 신씨는 연산군의 무덤을 서울로 옮겨달라 청했습니다. 그의 묘는 현재 서울시 도봉구 방학동에 위치해 있습니다. 폐위된 왕이기에 무덤에도 '능'이 아닌 '묘'를 붙여 '연산군묘'라 부르고, 왕릉과 달리 예우를 위한 구조물도 없어 초라한 모습입니다. 이뿐만 아니라 재위 시절의 일을 담은 기록도 '실록'이 아닌 '일기'로 편찬되었지요. 제멋대로 조선의 통치체제를 흔들었던 연산군은 결국 이렇게 쓸쓸한 모습으로 역사의 뒤안길로 퇴장했습니다.

연산군은 최초라는 수식어가 많은 왕입니다. 조선 최초의 사화인 무오사화를 일으켰고, 조선 최초로 신하들에게 쫓겨나는 중종반정을 겪었습니다. 왕이 되어 세상을 마음대로 주무르고 싶었던 그는 점점 미치광이가 되어갔고, 결국 쓸쓸한 죽음을 맞이했습니다.

연산군은 우리 역사에서 가장 독선적인 왕이라 해도 과언이 아

서울 연산군묘 서울시 도봉구 방학동 소재. 문화재청 제공.

닙니다. 연산군의 엽기적인 행각과 드라마틱한 생애도 물론 흥미롭지만, 왕과 언론 삼사의 대립을 통해 그 시대를 바라본다면 이해의 폭이 좀 더 넓어질 것입니다. 그리고 한 가지 더. 어떤 이유로도 설명될 수 없는 그의 폭정은 반면교사로 삼아야 할 역사의 기록일 것입니다.

6장

벌거벗은 왕세자

계승범(서강대학교 사학과 교수)

사도세자는 왜
뒤주에 갇혀 죽어야 했나

1762년 초여름, 궁궐 안의 많은 사람들이 뙤약볕 아래 서서 숨을 죽인 채 무엇인가를 예의 주시하고 있었습니다. 그들의 시선 끝에는 두 사람이 있었지요. 그중 한 남자가 외쳤습니다.

"아바마마, 아바마마, 잘못하였습니다. 이제 하라시는 대로 할 테니 이러지 마옵소서."

남자는 무릎을 꿇은 채 다른 남자를 향해 울부짖으며 빌었습니다. 하지만 앞에 선 남자는 그 모습을 냉정한 눈빛으로 바라보더니 이렇게 말했습니다.

"자결하라."

살려달라고 애원하는 남자와 스스로 목숨을 끊으라고 말하는

남자. 이들은 바로 사도세자와 그의 아버지인 조선 제21대 왕 영조
였습니다.

"죽어라!"

"이러지 마소서!"

"죽어라!"

"제발 살려주소서!"

몇 시간이나 팽팽하게 대립하던 아버지와 아들 사이로 쌀과 곡
식을 보관할 때 쓰는 뒤주가 들어왔습니다.

"뒤주로 들어가라!"

영조가 사도세자에게 명령했습니다. 받아들이기 어려운 명령이
었습니다. 28살이나 된 성인 남성이 들어가기에는 뒤주가 너무 비
좁았으니까요. 하지만 사도세자는 결국 아버지의 말에 따라 뒤주
안으로 들어갔습니다. 그리고 8일이 지난 뒤, 싸늘한 주검으로 발
견되었지요.

그로부터 200여 년이 지난 1999년, 국립중앙박물관에서 묘지문
하나를 공개했습니다. 특이하게도 종이가 아닌 판석 형태로 된 청
화백자 5장에 글을 새긴 형태였지요. 그 내용 또한 평범하지 않습
니다.

"그는 본래 풍족하고 편안한 집안에서 태어났으나 마음을 바로
잡지 못하더니 미치광이로 전락하였더라."

묘지문은 보통 죽은 사람을 기리면서 좋은 이야기를 쓰기 마련

사도세자의 **묘지명** 국립중앙박물관 제공

인데, 이런 구절이 있다니 흔한 일은 아닙니다. 이 충격적인 묘지문의 주인공은 바로 앞서 이야기한 사도세자입니다. 영조는 사도세자가 죽은 뒤에 아들의 묘지문을 직접 썼습니다. 그러니 사도세자를 죽게 한 사람도, 미치광이라고 적은 사람도 다름 아닌 아버지 영조였던 것입니다.

대체 이 두 사람 사이에는 무슨 일이 있었던 것일까요? 왕위를 계승할 후계자였던 사도세자는 어째서 그토록 비참하게 죽어야 했을까요? 지금부터 사도세자의 죽음에 얽힌 비밀을 벗겨보려 합니다.

간절히 기다려온
늦둥이 아들의 탄생

아버지가 아들을 뒤주에 가둬 죽인 일은 500여 년 조선 왕조 역사에 전무후무한 사건이었습니다. 보통 사람의 상식으로 이해할 수 없는 일이기도 하지요. 이 비극의 진실을 알아보기 위해서는 아버지 영조와 아들 사도세자의 첫 만남을 살펴봐야 합니다.

사도세자가 태어났을 때 영조는 무려 42살이었습니다. 조선 왕들의 평균 수명이 47세인 것을 감안했을 때 무척 늦은 나이에 아들을 얻은 셈이지요. 사도세자는 눈에 넣어도 아프지 않을 아들이었습니다. 영조에게 이 늦둥이 아들이 더욱 귀할 수밖에 없었던 이유는 또 있습니다. 이미 한 번 아들을 떠나보낸 경험이 있었거든요. 영조가 25살에 얻었던 첫아들 효장세자는 10살이 되던 해에 원인을 알 수 없는 병으로 세상을 떠났습니다. 그 뒤 오랜 시간 왕위를 이을 아들이 없었는데 드디어 기다리고 기다리던 아들이 태어난 것입니다. 영조가 첫아들을 잃은 지 7년 만의 일이었습니다.

"오랫동안 저사가 없으니 사람들이 모두 근심하고 두려워하였는데, 이때에 이르러 온 나라에서 기뻐하고 즐거워하였다."

《영조실록》 40권, 11년(1735) 1월 21일

실록에 따르면 사도세자의 탄생은 아버지 영조뿐 아니라 나라 전체의 경사요, 축복이었습니다. 기쁨이 컸던 영조는 아들이 태어난 지 불과 15개월 만에 엄청난 결심을 합니다. 어린 아들을 세자에 책봉한 것이지요. 사도세자는 역대 최연소 세자가 되었습니다. 돌이 막 지났을 무렵, 겨우 2살의 나이로 차기 왕에 낙점된 것입니다.

조기 교육에 집착한 영조와 영특한 어린 사도

영조는 세자 책봉과 동시에 세자의 교육을 담당하는 관청인 세자시강원을 꾸렸습니다. 그리고 사도세자가 3살이 되자마자 본격적인 교육을 시작했지요. 정규 수업인 서연을 열어서 효의 도리를 가르치는 《효경》과 유학의 입문서라고 할 수 있는 《소학》을 가르쳤습니다. 그러나 아무리 잘 가르친다 한들 3살짜리 아이가 그 뜻을 이해하기는 어려웠을 것입니다. 그래서 스승이 읽어주면 세자가 따라 읽는 방식으로 공부해야 했죠.

조선의 세자들이 모두 이런 식으로 조기 교육을 받은 것은 아닙니다. 보통 조선의 세자 책봉은 7세에서 10세에 이뤄졌습니다. 그 뒤 성균관에 입학하는 의식을 치르고 왕세자의 교육을 담당하는 서연관들에게 강의를 듣기 시작했지요. 그런데 사도세자는 3살 때

효경(좌, 증평민속체험박물관 제공)과 소학(우, 국립고궁박물관 제공)

서연을 시작했으니, 영조가 늦둥이 아들을 똑똑한 왕으로 육성하기 위해 총력을 다했음을 알 수 있습니다. 간절히 후계자를 기다렸던 만큼 최대한 빨리 많은 것을 가르치고 싶었던 것 같습니다.

다행히 그 성과도 나쁘지 않았습니다. 《영조실록》에 따르면 사도세자는 비단과 무명을 보면서 비단은 사치스러운 것이고, 무명은 검소한 것이라고 구분했다고 합니다. 그런 다음, 자신은 검소하게 무명옷을 입겠다고 해서 영조는 물론 신하들을 깜짝 놀라게 했죠.

> "일찍이 명주와 무명베를 보고 사치와 검소를 구분하여 무명옷 입기를 청했으니, 매우 기특하다."
>
> 《영조실록》 45권, 13년(1737) 9월 10일

사도세자의 영특함을 확인할 수 있는 이야기는 이뿐만이 아닙니다. 한번은 밥을 먹던 도중에 영조가 부르자, 사도세자는 입안에 있던 밥을 전부 뱉어냈습니다. 그 이유를 들은 영조는 또 한 번 감탄했습니다.

"《소학》에 이르기를 부모가 부르실 때 입에 있는 걸 뱉고 말하는 게 효라고 했습니다."

3살짜리 아들이 자기가 공부한 것을 그대로 실천하는 모습을 보면 부모 마음은 흐뭇할 수밖에 없겠죠? 어린 세자가 이처럼 자신의 기대에 부응하니, 영조는 신하들에게 아들 자랑을 하기 일쑤였습니다. 요즘 말로 하면 '아들 바보'라 불릴 정도였죠. 아들이 너무 예쁜 나머지, 왕의 처소를 떠나 사도세자가 머무는 궁에 가서 함께 잠들기도 했다고 합니다.

조선 왕실에서 이렇게 다정한 부자는 드뭅니다. 유교 경전인 《예기》에는 "선비 혹은 군자는 손자는 안아도 아들은 안지 않는다"라는 말이 있습니다. 감정에 쉽게 휩싸여 오히려 부자 관계를 그르칠 수 있다는 의미입니다. 실제로 기록들을 살펴보면 아들에게 다정한 왕의 모습은 찾아보기 힘듭니다. 대통을 이을 유일한 존재이자 하나뿐인 어린 아들이 총명함을 보이니 영조의 사랑과 기대도 그만큼 컸다고 볼 수 있겠지요.

우여곡절 끝에 즉위한
영조의 치명적 콤플렉스

똑똑하게 자라나는 사도세자를 보면서 영조의 기대 또한 올라갔을 것입니다. 자녀가 똑똑하게 자라길 바라는 것은 당연하겠지만, 영조는 바람을 넘어 집착하는 모습을 보입니다. 바로 자신의 콤플렉스 때문이었습니다. 아들은 자신과 달리 약점이나 흠결이 없는 완벽한 왕이 되기를 바랐던 것이지요.

영조의 어머니는 여느 왕들의 어머니와 달랐습니다. 숙종의 후

영조 어진 국립고궁박물관 제공

궁이 되기 전에는 무수리였다고 알려져 있지요. 무수리는 궁녀들의 시중을 드는 여종으로 온갖 허드렛일을 하는 천민입니다. 조선 왕 27명 중에 천민의 피가 흐르는 왕은 단 1명, 오직 영조뿐입니다. 어머니의 출신이 비천하다는 사실은 영조의 치명적인 콤플렉스였습니다.

영조의 두 번째 콤플렉스는 평생 그를 따라다닌 의혹이었습니다. 바로 이복형이자 선왕이었던 경종을 독살했다는 것이었죠. 원래부터 몸이 안 좋았던 경종이 입맛을 잃어 식사를 제대로 하지 못

하자, 영조는 이복형을 위해 입맛을 돋우는 간장게장을 보냈습니다. 그런데 간장게장을 먹은 경종이 얼마 후에 죽고 말았습니다. 뒤를 이어 즉위한 영조는 간장게장으로 형을 독살하고 왕이 되었다는 의심을 받았습니다. 영조 4년에는 반란까지 일어났지요. 이인좌와 정희량이라는 인물이 경종을 독살한 영조를 응징하겠다며 난을 일으켰던 것입니다. 정확한 증거는 끝내 나오지 않았지만, 재위 기간 내내 의혹은 좀처럼 사라지지 않았습니다.

어머니의 비천한 출신과 독살 혐의라는 콤플렉스를 안고 왕위에 오른 영조는 인정받기 위해 끊임없이 노력했습니다. 그리고 성균관에 비석을 세워서 훗날 조정에 진출할 예비 관료들도 자신의 정책에 동참할 것을 요구했죠. 비석에는 "주이불비周而弗比 내군자지공심乃君子之公心, 비이불주比而弗周 식소인지사의寔小人之私意"라는 글이 적혀 있습니다. '남과 두루 친하되 편을 가르지 않는 것이 군자의 공적인 마음이요, 편만 가르고 두루 친하지 못한 것은 소인배의 사심이다'라는 뜻입니다. 쉽게 말해서 편을 가르지 말고 친하게 지내며 힘을 모으라는 것이었지요. 이 비석의 이름이 바로 탕평비입니다. 그리고 실행하려던 정책은 바로, 영조의 대표적인 정책 탕평책이었죠.

영조가 즉위하던 시기, 조정에는 오늘날의 정파라고 할 수 있는 붕당이 있었습니다. 그중에는 왕인 영조를 지지하는 붕당도 있었고, 아닌 붕당도 있었지요. 양대 붕당은 언제나 치열한 경쟁을 벌

탕평비 영조가 성균관의 반수교 위에 세운 탕평비. 한국학중앙연구원 제공.

였습니다. 영조는 자신을 지지하지 않는 세력도 모두 감싸고 고루 등용하겠다면서 탕평책을 실시했습니다.

조선의 왕들이 자신을 지지하지 않는 세력을 다루는 주된 방법은 벼슬자리에서 쫓아내고 등용하지 않는 것이었습니다. 그런데 조선 후기에는 붕당의 힘이 너무 세져서 왕의 말도 듣지 않고 서로 싸우기만 했죠. 영조의 아버지 숙종도 환국이라는 방법으로 붕당을 바꿔가면서 왕권을 강화하려 했습니다. 때가 되면 지배 세력을 전격적으로 교체해버리는 것이죠. 그런데 환국의 후유증이 너무 컸습니다. 서로 견제하며 균형을 이루어야 하는데 당쟁만 심해졌거든요.

환국과 당쟁을 온몸으로 겪고 어렵게 즉위한 영조는 정통성이 약하다 보니 탕평책으로 정치 세력의 균형을 맞춰 모두를 아우르고자 했습니다. 물론 그것은 명분일 뿐, 실제로는 왕을 우습게 아는 신하들에게 휘둘리지 않고 그들을 통제하면서 왕조를 이끌어가려는 속셈이었습니다. 콤플렉스를 뛰어넘어 힘 있는 왕이 되고자 했던 것입니다.

탕평 정치를 통해 강력한 왕권을 만든 영조는 조선 왕 중에서 가장 긴 세월 동안 나라를 다스렸습니다. 무려 52년간 왕의 자리에 앉아 조선의 부흥기를 이끌었지요. 그런 영조가 바라는 후계자는 힘들게 만들어놓은 왕권을 잘 유지할 수 있는 인물이었습니다.

너무 다른 아버지와 아들의
위험한 동행

완벽한 왕 만들기에 열성적이었던 아버지 영조와, 아버지의 뜻을 따르며 착실히 교육을 받아온 아들 사도세자. 하지만 이들 사이에 먹구름이 드리우는 듯한 낌새가 포착되기 시작합니다.

사도세자가 9살이던 해의 어느 날, 사도세자는 스승들에게 어지럼증을 호소했습니다. 세자의 몸이 좋지 않다는 것은 심각한 사건이었습니다. 게다가 영조의 첫아들인 효장세자가 10살에 세상을 떠났기 때문에 스승들의 걱정은 더욱 컸지요. 사도세자의 스승들은 영조에게 달려가 공부 대신 휴식할 시간을 달라고 요청했습니다. 하지만 영조는 냉정하게 대답했습니다.

"나이가 들면 저절로 낫는다."

이게 무슨 말입니까? 나이가 들면, 즉 내버려두면 낫는다니요. 이전과는 확연히 다른 태도였습니다. 아들을 한없이 아끼던 평소의 영조라면 당장 의원을 보내서 사도세자를 돌보도록 했을 것입니다. 하지만 다시 한번 치료와 휴식을 요청하는 신하들에게 영조는 오히려 벌컥 화를 냈습니다.

"내가 세자에게 물어보니 책만 보면 어지럽다고 했다. 그러니 치료 따위는 필요 없다!"

영조는 세자의 어지럼증이 공부하기 싫어서 둘러댄 꾀병이라고 생각했습니다. 착실한 듯했던 아들이 공부를 그다지 좋아하지 않는 것처럼 보이자 언짢았던 것이지요.

1년이 지난 뒤, 10살이 된 사도세자에게 영조는 이렇게 물었습니다.

"글을 읽는 것이 좋으냐, 싫으냐?"

한참 고민하던 사도세자는 "싫을 때가 많습니다"라고 대답했습니다. 아들의 대답에 영조는 "솔직해서 좋다"라고 말했지만 진심은 아니었던 것 같습니다. 이후 아들을 대하는 태도를 보면 못마땅해하는 게 느껴지거든요.

> "본래 부왕 앞에서는 분명히 아시는 것도 쭈뼛쭈뼛하시는데, 여러 사람이 모인 가운데서 어려운 것을 일부러 물어보시니, 더욱 두렵고 겁이 나서 대답을 못 하면 남이 보는 데서 꾸중도 하시고 흉도 보셨다."
>
> 《한중록》

영조가 사도세자를 불러내서 일부러 어려운 글의 뜻을 물어보곤 했다는 기록입니다. 그것도 여러 신하가 모여 있는 자리에서 말이죠. 제대로 답을 하지 못하면 심하게 혼을 냈습니다. 훗날 사도세자가 왕이 되어 이끌어야 할 신하들 앞에서 무안과 창피를 준 것입니다.

이는 《한중록閑中錄》에 실려 있는 이야기입니다. 《한중록》은 사도세자와 10살에 결혼한 혜경궁 홍씨가 말년에 자신의 일생을 회고하며 쓴 글입니다. 개인의 저술이지만, 시아버지인 영조와 남편 사도세자의 곁에서 사건을 지켜본 사람의 기록인 만큼 그 가치가 높습니다. 실록에 기록되지 않은 사도세자의 이야기가 담긴 몇 안 되는 책이기도 합니다.

영조가 이렇게까지 태도를 바꾼 이유는 그 이전부터 아들에 대한 애증이 쌓였기 때문인 것으로 보입니다. 사도세자는 점점 공부를 미뤘을 것이고, 영조는 기대치에 부응하지 못하는 세자가 탐탁지 않았겠지요. 이때 영조의 나이는 이미 쉰이 넘었습니다. 왕위를 이을 세자가 성에 차지 않을수록 영조의 마음 또한 조급했을 것입니다. 그럴수록 세자를 향한 불만을 즉흥적으로, 그것도 다른 사람들이 다 보는 앞에서 쏟아내곤 했습

한중록 이병기 주해. 1947. 국립한글박물관 제공.

니다. 아들을 향해 자꾸만 커져가는 미움을 자기 자신도 제어하지 못했던 것입니다.

사도세자가 공부를 멀리하는 것만큼이나 영조가 마음에 들어 하지 않는 부분이 또 하나 있었습니다. 바로 사도세자의 기질이었죠. 유교 사회였던 조선에서는 무武보다 문文을 중시했습니다. 영조 또한 공부를 열심히 해야 신하들을 압도할 수 있다고 생각했고요. 그런데 사도세자는 공부보다 다른 것들에 관심이 많았습니다.

15살이 된 사도세자는 청룡언월도에 마음을 빼앗겼습니다. 반달처럼 생긴 칼끝에 기다란 자루가 달린 청룡언월도는 힘깨나 쓰는 무사들도 들기 버거워하는 무기였습니다. 사도세자는 어린 나이에도 청룡언월도를 휘두를 만큼 힘이 장사였지요. 일찍이 무예를 좋아해서 활을 쏘면 반드시 목표를 맞추고, 사나운 말도 잘 다루었다고 합니다. 특공무술 교본인《무예신보》라는 책을 저술하기도 했으니 누가 봐도 무인 기질이 충만한 사람이었습니다.

청룡언월도 《삼국지연의》의 관우가 사용했다는 무기. 매우 무겁고 위협적인 칼로 알려져 있다. 국립민속박물관 제공.

사도세자는 무예뿐 아니라 그림 그리기를 좋아했고, 불교와 도교 경전 읽기를 즐겼습니다. 하지만 영조가 보기에는 그 모든 것이 '잡기'였습니다. 아들이 점점 더 마음에 들지 않았던 영조는 급기야 이런 폭언까지 합니다.

"세자가 뚱뚱해서 더위 견디는 걸 힘들어하고, 걸음걸이 역시 심하게 더디고 늦으니 이를 보고 있으면 웃음이 날 뿐이다."

이제는 세자의 외모까지 지적하며 흉을 본 것이죠. 실망감이 미움이 되어 공부가 아닌 다른 일로도 아들을 비난하는 상황에 이른 것입니다. 그렇게 아들을 보는 아버지의 시선은 싸늘해져만 갔습니다.

갈등의 시작
사도세자의 대리청정

아들을 믿지 못하고 질책하는 아버지 영조와 그런 영조 앞에만 서면 위축되는 사도세자. 이런 두 사람의 관계는 1749년을 기점으로 한층 더 멀어지고 맙니다.

그해 영조는 사도세자에게 대리청정代理聽政을 시키기로 했습니다. 여느 때처럼 정사를 돌보기 위해 자리를 잡은 영조 앞에 사도세자가 앉았지요. 영조는 대신들에게 말했습니다.

"오늘은 세자가 처음으로 정사를 여는 날이다. 임금의 뜻을 물어 결정할 일이 있으면 세자에게 물어라. 나는 앉아서 지켜보고자 한다."

대리청정이란 임금 대신 정사를 돌보고 나라를 다스리는 것을 말합니다. 왕이 병들거나 나이가 들어 정사를 제대로 돌볼 수 없을 때 왕의 공식 후계자가 나랏일을 하는 것입니다.

당시 영조의 나이가 환갑에 가깝기는 했으나 건강한 편이었습니다. 그럼에도 불구하고 15살인 세자를 앞에 세운 이유는 아들에게 마지막 기회를 주고자 함이었습니다. 사도세자가 아무리 마음에 들지 않더라도 다른 아들이 없으니 차기 왕은 사도세자일 수밖에 없었죠. 그래서 영조는 어떻게 해서든 사도세자를 훌륭한 군주로 만들어야 했습니다. 공부는 하지 않고 온갖 잡기에 빠져 있는 사도세자의 관심을 돌리고 정치 훈련도 시킬 겸 대리청정을 맡겼겠지요. 일종의 인턴십 과정이랄까요? 막상 시켜보면 잘할지도 모른다는 일말의 희망도 있었을 것입니다.

대신들에게 사도세자의 대리청정을 선포한 다음 영조는 아들에게 이렇게 당부했습니다.

"신하들이 아뢰는 일에 대하여 만약 '그렇게 하라'라고 대충 대답한다면 반드시 잘못을 저지를 우려가 있다. 의심스러운 점이 있으면 반드시 대신에게 묻고 직접 고민한 뒤에 결정하라."

사도세자에게 결정권을 넘겨준 것처럼 들리는 말입니다. 물론 조건은 있었습니다. 첫째, 의심이 들면 대신에게 되물을 것. 둘째, 직접 고민할 것. 이 조건들만 갖추면 사도세자는 자신의 결정으로 정사를 돌볼 수 있었던 것이지요.

대리청정의 첫 안건은 방어 기지를 옮기는 군사 문제였습니다.

"성진에 위치한 방어 기지를 다시 길주로 옮기는 것이 좋겠습니다."

이 이야기를 꺼낸 사람은 영의정이었습니다. 현재 함경북도 김책시에 해당하는 성진 땅에 방어 기지가 있었는데, 그것을 위쪽에 있는 길주로 옮기자는 것이었지요. 좌의정도 이에 동의했습니다. 국경지대인 북방에서 내려오는 적들을 막을 때, 성진에 비해 길주가 더 수월하다는 이유였습니다.

사도세자는 바로 판단하지 않고 대신들에게 질문을 하나 던졌습니다.

"방어 기지를 길주로 옮기더라도 성진을 지킬 군사가 남아 있겠는가?"

이 질문에 다시 영의정이 대답했습니다.

"예, 남아 있습니다."

자신이 걱정했던 문제에 대해 우려할 필요가 없다는 답변을 들은 것이지요. 신하들의 의견이 합리적이라고 생각한 사도세자는 이렇게 말했습니다.

"그렇다면 방어 기지를 길주로 옮기는 것이 좋겠다."

사도세자 또한 대리청정이 자신에게 얼마나 중요한 기회인지 알고 있었을 것입니다. 잘 해내기만 한다면 멀어졌던 아버지와의 사이도 회복하고, 믿음을 줄 수 있으리라고 기대했겠지요. 그래서 아버지가 시킨 대로 대신들에게 우려되는 바를 물은 뒤에 답을 했던 것입니다. 그런데 그때, 뜻밖에도 사도세자의 등 뒤에서 영조의 목소리가 들렸습니다.

"네 말이 비록 옳긴 하지만 방어 기지를 성진으로 옮긴 것은 나의 결정인데, 길주로 다시 옮기는 것은 경솔하지 않느냐? 먼저 대신들에게 물어보고, 또 나에게도 상의한 후에 시행하는 것이 옳다."

자신이 예전에 내린 결정을 취소하는데 자신의 의견을 묻지 않았다는 이유로 경솔하다고 한 것이지요. 분명 결정권을 준다고 미리 말했음에도 말입니다. 게다가 이런 말도 덧붙였습니다.

"나는 한 가지 정사와 한 가지 명령도 함부로 내린 적이 없고 고심하느라 머리와 수염이 모두 허옇게 되었을 정도다. 내가 그렇게 노력한 끝에 25년간 별다른 분란이 생기지 않았으니 너도 이를 단단히 명심해야 한다."

즉 아버지인 자신처럼 무엇이든 고민하고 결정하라는 것이지요. 아들이 나름대로 합리적인 결정을 내려도 완벽주의자인 아버지의 입장에서는 부족하게만 보였나 봅니다. 영조는 기대에 부응하지 못하는 자식을 계속해서 질책하고 엄하게 다그치는 아버지였습니다.

첫 안건을 처리하다 질책을 받은 다음 날, 사도세자는 영조에게 어려운 일이 있거든 물어보라는 말을 들었습니다.

> "너는 안락한 데서 태어나서 안락하게 자라났다. 대리청정한 후에 만약 의심스럽고 어려운 일이 있으면 반드시 나에게 물어 시행하라."
>
> 《영조실록》 69권, 25년(1749), 2월 17일

역경을 헤쳐온 자신과 다르게 고생하지 않고 자라난 아들에 대한 걱정일 수도 있고, 불신일 수도 있겠습니다. 어쨌든 아버지인 자신에게 반드시 허락을 받으라는 이야기였지요. 첫 정무를 본 날에는 스스로 결정을 내렸다가 무안을 당했는데, 바로 그다음 날에는 훈계까지 들었으니 사도세자 입장에서는 아버지의 불신을 극복하는 것이 너무나 어렵게 느껴졌을지도 모릅니다.

이후 영조가 자리에 있을 때든 없을 때든, 사도세자는 늘 이렇게 말할 수밖에 없었습니다.

"대조께 아뢰어서 결정하겠소."

여기서 대조는 아버지 영조를 뜻합니다. 그러니까 자리에 영조가 없을 때마저 사도세자는 자신의 뜻을 펴지 못하고 아버지를 찾은 것입니다. 사도세자 혼자서 결정할 수 있는 일은 아무것도 없었습니다. 말뿐인 대리청정이었지요.

어느 날은 참다못한 신하가 불만을 제기했습니다.

"세자저하께서는 정무를 보실 때마다 대조께 여쭙고 스스로 결정하는 것이 적은데, 너무 지나친 것은 옳지 않습니다. 어떻게 모

든 것을 번거롭게 대조께 여쭐 수 있겠습니까?

영조에게 너무 묻지 말고 안건을 처리해달라는 요청이었습니다. 이때마저 사도세자는 "마땅히 아버지께 여쭌 뒤에 모두 시행하겠다"라고 대답했습니다.

아버지의 눈치를 볼 수밖에 없던 사도세자와 그런 아들을 끝끝내 믿지 못한 아버지 영조. 두 사람은 영영 다시 가까워질 수 없는 걸까요? 영조가 어떻게 사도세자를 대했는지 살펴보면 더 충격적입니다.

> 심지어 백성이 춥고 배고프거나 가뭄이 들거나 천재지변이 있어도 꾸중하셨다. "소조(세자)의 덕이 없어서 그렇다." 그러므로 소조께서는 날이 흐리거나 겨울에 천둥이 치면 또 무슨 꾸중이나 나실까 근심하시고 염려하여 일마다 두렵고 겁을 내셨다.
>
> 《한중록》

영조는 하다 하다 천재지변 같은 하늘의 뜻까지도 모두 세자의 탓을 하며 혼냈습니다. 물어봐도 혼나고, 안 물어봐도 혼나고, 날씨가 안 좋아도 혼나니 사도세자는 그야말로 피가 마르는 기분이었을 것입니다. 이렇게 3년의 시간이 흐르는 동안 사도세자의 마음에는 무언가가 차곡차곡 쌓이고 있었습니다.

사도세자,
한계에 다다르다

어느 날, 사도세자의 방에서 이상한 소리가 들렸습니다.

"무서워……. 무서워……. 뇌성보화천존이 보인다!"

뇌성보화천존은 《옥추경》이라는 도교 경전에 나오는 신으로, 천둥과 번개를 관장하는 존재입니다. 사도세자는 왜 갑자기 이 신이 보인다고 말한 것일까요? 바로 민간신앙 때문이었습니다. 《옥추경》에는 보화천존의 가르침과 함께 악귀를 쫓는 법, 부적 쓰는 법 등이 나와 있는데 이를 소리 내어 읽으면 귀신을 쫓고 병도 나을 수 있다고 알려져 있었습니다. 13세기에 만들어진 것이지만, 사도세자가 살던 18세기에는 조선의 백성들마저 그 경문을 읊었다고

옥추경 원주 고판화박물관 소장 안심사판. 문화재청 제공.

전해지죠. 도교 경전 읽기를 즐겼던 사도세자도 《옥추경》을 열심히 읽었던 모양입니다. 어쩌면 어릴 적부터 쌓아온 두렵고 답답한 마음을 민간신앙으로라도 이겨내고 싶었는지 모릅니다. 그러나 《옥추경》은 사실 도교 학자들조차 문제적인 책으로 꼽는 경전이었습니다.

문제적인 경전을 읽는 것도 모자라 헛것을 보기 시작했다니, 상황이 심상치 않게 돌아가는 것 같습니다. 결국 사도세자는 편지 한 통을 썼습니다. 자신에게 화병과 우울증이 있으니 약을 지어 보내달라는 내용이었지요.

> "나는 원래 남모르는 울화의 증세가 있는 데다, 지금 또 더위를 먹은 가운데 임금을 모시고 나오니, (긴장돼) 열은 높고 울증은 극도로 달해 답답하기가 미칠 듯합니다. 이런 증세는 의관과 함께 말할 수 없습니다. 경이 우울증을 씻어내는 약에 대해 익히 알고 있으니 약을 지어 남몰래 보내주면 어떻겠습니까."
>
> - 사도세자가 쓴 편지(1753년 또는 1754년으로 추정)

사도세자가 절박한 마음으로 쓴 편지의 수신인은 혜경궁 홍씨의 아버지인 홍봉한, 즉 장인이었습니다. 궁에도 어의가 있는데 왜 장인에게 이런 부탁을 했을까요? 사도세자에게 신체적 질병이 아닌 정신적 문제가 있다는 사실을 알게 되면 영조가 노할 것이 뻔했기 때문입니다. 국본이라고 불리는 세자에게 정신적인 문제가 있다는 소문이 퍼지면 세자의 위상은 물론, 왕실의 체면까지 손상될 수 있으니까요. 사도세자 입장에서는 공식적으로 기록이 남는 내의원의 진료와 처방을 받기는 어려웠을 것입니다. 그래서 자신을 보호할 수밖에 없는 장인에게 은밀히 청해 자신의 병을 치료해보려 했던 것으로 추측됩니다.

하지만 사도세자의 이런 노력은 효과가 없었던 것 같습니다. 이후 장인에게 보낸 또 다른 편지를 보면 "이번 약을 복용한 지 이미 수일이 지났지만 아무런 차도가 없습니다", "나는 겨우 자고 먹을 뿐, 허황되고 미친 듯합니다"라고 호소합니다. 오히려 증상이 점점 심각해졌지요. 병이 깊어지니 정상적인 생활을 할 수가 없었습니다.

두 사람이 점점 멀어지고 있던 어느 날, 영조가 갑자기 아들을 찾았습니다. 신하들과 경연을 마친 뒤 평소와 달리 낙선당으로 향한 것이죠. 낙선당은 사도세자가 공부를 하는 곳이었습니다. 아들이 공부를 잘하고 있는지 불시 검문을 하려고 했던 것일까요? 어찌 되었든 사도세자에게는 갑작스럽고 당황스러운 상황이었을 것입니다.

사도세자는 아무런 준비도 하지 못한 채 아버지를 맞이했습니다. 마음 상태가 좋지 않으니 몰골 또한 말이 아니었나 봅니다. 세수도 안 하고, 의복도 단정하지 못한 아들의 모습을 본 영조는 크게 호통을 쳤습니다.

"술 들인 이를 찾아내라!"

사도세자가 술에 취해서 그런 모습을 하고 있는 줄 알았던 것이지요. 당시 조선에는 기근이 들어 백성들이 먹을 곡식도 부족했습니다. 이에 영조는 모자란 곡식을 술 빚는 데 쓰지 말라고 금주령을 내렸습니다. 그런데 아들이 술을 마신 것 같으니 불같이 화를 낸 것입니다.

아버지의 호통 앞에 사도세자는 술을 마셨다고 고합니다. 혹시 괴로움을 잊기 위해 도리가 아닌 걸 알면서도 술을 마셨던 것일까요? 아닐 것입니다. 기록에 따르면 사도세자는 술을 마시지 못하는 사람이었다고 합니다. 다짜고짜 혼나는 억울한 상황에서 사도세자는 거짓으로 답을 했습니다. 어쩌면 자포자기의 심정이었는지도 모르지요.

보다 못한 한 상궁이 나서서 말했습니다.

"술을 드셨다는 말씀이 원통하니, 술 냄새가 나는지 맡아보십시오."

사도세자 대신 영조에게 변명을 해준 셈입니다. 하지만 사도세자는 아버지 영조에게 감히 변명을 했다며 오히려 상궁에게 화를 냈습니다.

"내가 먹었다고 아뢰었으니, 자네가 감히 뭐라고 말을 할 수 있는가? 물러가라."

그러자 영조는 또다시 사도세자를 혼냈습니다.

"네가 내 앞에서 상궁을 꾸짖다니! 어른 앞에서는 개나 말도 꾸짖지 못하는 법인데 너는 어찌하여 그리하느냐?"

본인 앞에서 누군가를 꾸짖었다고 영조는 또 엄하게 혼을 냅니다. 결국 사도세자는 말 한마디 못 하고 꾸지람을 들어야 했지요. 어떤 행동을 하든 아들을 믿지 못하는 아버지와 체념한 아들. 하지만 부자의 갈등은 여기서 끝이 아니었습니다. 이날, 두 부자 사이를 더욱 멀어지게 만드는 일이 또 일어났지요.

사도세자의 실수로 궁궐에 화재가 발생한 것입니다. 실수로 촛대를 쓰러뜨렸는데, 불이 옮겨 붙는 바람에 세자궁에 화재가 일어나버립니다. 이 사건은 당연히 영조의 귀에 들어갔습니다. 혜경궁 홍씨가 표현하길, 이때 영조의 격노는 전보다 10배는 더했다고 합니다. 사도세자가 홧김에 불을 냈다고 생각한 영조는 신하들이 모여 있는 자리에서 아들을 심하게 다그쳤습니다.

"네가 불한당이냐? 불은 왜 지르는 것이냐?"

사도세자는 이번에도 아무런 변명을 할 수 없었습니다.

이런 일이 반복되자 사도세자의 마음속에 쌓여 있던 화가 결국 폭발하고 맙니다. "아무래도 못 살겠다!"라고 소리치며 우물로 뛰어들려 한 것입니다. 순간, 궁인들이 달려들어 가까스로 사도세자를 구해냈지만 자살 소동은 한 번으로 끝나지 않았습니다. 사도세자의 고통은 점점 더 심해지고 있었습니다.

사도세자가 일으킨
충격적인 사건

　충격적인 행동을 일삼던 사도세자는 끝내 돌아올 수 없는 강을 건너고 맙니다. 살인까지 저지른 것이죠. 사도세자는 부지불식간에 칼을 뽑아 곁에 있던 내시의 목을 베고 잘린 머리를 든 채 어딘가로 향했습니다.

　그가 도착한 곳은 바로 혜경궁 홍씨의 거처. 놀랍게도 사도세자는 주변 사람들에게 자랑하듯 내시의 잘린 목을 들어 보여줍니다. 《한중록》에는 그 장면을 목격한 홍씨의 심경이 적혀 있습니다.

> "그때 당번 내시 김한채를 죽여 그 머리를 들고 오셔서 내인들에게 보이셨다. 내가 그때 사람의 머리 벤 것을 처음 보았으니, 그 흉하고 놀라움을 어찌 이룰 수 있으리오."
>
> 《한중록》

　사도세자가 살인을 저지른 원인 중 하나는 '의대증'이라는 질병입니다. 왕실에서는 옷을 가리켜 '의대'라고 했습니다. 그러니까 의대증은 '옷 병'이라는 뜻입니다. 옷 입는 것 자체를 괴로워하는 것이 의대증의 증상이기 때문에 사도세자에게 의복 하나를 입히려면 10벌이 넘는 옷을 준비해야 했습니다. 사도세자는 옷을 입다가도 맞지 않는다 싶으면 벗어 던졌고, 입었다 벗었다를 반복했습니다. 때로는 옷에 귀신이 씌었다며 태우기도 했지요. 그러니 다들 사도세자에게 옷 입히기를 어려워했습니다. 그러다 결국 사건이 벌어진 것입니다. 옷을 갈아입으며 괴로워하던 사도세자가 옆에서 시중드는 내시를 죽여버리고 만 것이죠.

이 끔찍한 소식을 들은 영조는 사도세자를 불렀습니다. 이전의 술 사건 때는 묻지도 따지지도 않고 화부터 냈던 것과는 달리 이번에는 차분하게 물어보았지요.

"왜 사람을 죽인 것이냐?"

사도세자의 답변은 충격적이었습니다.

"마음속에서 화가 올라오면 견디지 못하여, 사람을 죽이거나 닭 같은 짐승을 죽이거나 해야 마음이 풀립니다."

영조는 다시 한번 물었습니다.

"어찌하여 그러하느냐?"

"마음이 상하여 그러합니다."

"어찌하여 마음이 상하였느냐?"

이때 사도세자는 영조에게 그동안 하지 못했던 말을 하게 되었습니다.

"부왕께서 사랑하지 않으시기에 서럽고, 꾸중하시기에 무서워 화가 되어 그러합니다."

이 말을 들은 영조는 "내 이제 그러지 않으리라" 하고 돌아섰습니다.

하지만 사도세자의 살인은 끝나지 않았습니다. 사도세자의 손에 목숨을 잃은 사람이 무려 100여 명에 이를 정도였다고 합니다. 혜경궁 홍씨 역시 사도세자가 얼마나 많은 사람을 죽였는지 기억조차 할 수 없다고 적었습니다.

영조는 사도세자의 살인을 알고도 혼낼 수 없었습니다. 그 일을 문제 삼으면 아들을 세자로 인정하지 않음과 동시에 죄에 대한 처벌도 해야 했습니다. 이는 곧 폐위와 처형을 의미합니다. 이것은 단지 사도세자만의 문제가 아니었지요. 영조 자신을 포함한 왕실 전체의 문제로 비화될 수밖에 없는 것입니다. 이런 상황을 고려해 영조는 사건 자체를 덮어버리는 쪽을 택했습니다. 사도세자에게 살해당한 이들의 신분이 미천했기에 가능했던 일이죠. 이때까지는 영조도 자신의 유일한 후계자인 사도세자를 포기하지 않았던 것입니다.

영민한 아들의 존재로
자리를 위협당하는 사도세자

그러나 대화를 나눈 뒤 영조와 사도세자는 오히려 더 멀어졌습니다. 두 사람의 관계는 한 번의 대화로 봉합할 수 있는 상태가 아니었던 것입니다. 사도세자는 여전히 아버지를 두려워하며 피했습니다. 결국 아들이자 세자로서 반드시 해야 하는 의무마저 저버리게 되었지요.

당시의 법도에 따르면 세자는 왕에게 매일 아침저녁으로 문안 인사를 드려야 했습니다. 이를 '진현'이라고 합니다. 사도세자는 하루 이틀도 아니고 무려 3달이 넘도록 진현을 빼먹었습니다. 조선처럼 예를 중시하는 나라에서는 정말 심각한 문제였지요. 참다 못한 영조가 신하들에게 이 사실을 털어놓자, 신하들도 난리가 났습니다. 그들은 사도세자에게 득달같이 달려가 부왕인 영조에게 사죄하고 진현을 하라고 이야기했습니다. 사도세자는 반성하는 모습을 보이며 진현을 다시 시작하겠다고 했지요. 하지만 말뿐이었습니다. 몸이 안 좋다는 이유로 계속 진현을 피하기만 했으니까요.

그런데 어느 순간, 영조의 태도가 달라졌습니다.

"치통과 두통 및 복부가 당기어 기동을 할 수가 없다."(…) 임금이 하교하기를, "조리한다고 하면서 오는 것은 내가 더욱 마음이 쓰인 다. 승지는 가서 즉시 유시하여 거행하지 말도록 하라."

《영조실록》97권, 37년(1761) 3월 27일

실록에 적힌 이날, 사도세자는 몸이 아파 움직일 수 없지만 가마를 타고서라도 진현하겠다는 뜻을 영조에게 전했습니다. 아들의 말을 전해 들은 영조는 "몸조리해야 하는데 찾아오면 내가 더 마음이 쓰이니 오지 않아도 된다고 하라"는 명령을 내렸습니다. 미련 없이 세자의 진현을 거절한 것입니다. 평소 같았으면 사도세자를 불러다가 호되게 질책하고도 남았을 영조가 갑자기 이런 모습을 보인 까닭은 무엇일까요?

이때 영조는 세자가 아닌 다른 사람에게 푹 빠져 있었습니다. 사도세자와 혜경궁 홍씨 사이에서 태어난 아들 정조가 영조의 관심을 빼앗아 사도세자의 자리를 위협하기 시작한 것이지요. 이 무렵 10살이던 정조는 할아버지와 많은 대화를 나누었습니다.

"많은 신하가 있어야만 정치를 할 수 있는가?"

영조의 물음에 정조는 "비록 신하가 적더라도 임금이 훌륭하고 신하가 현명하면 정치를 할 수 있습니다"라고 대답했습니다.

"어진 이를 불러오는 일이 쉬운가, 어려운가?"

영조가 또다시 묻자 정조는 이렇게 답했지요.

"몸소 어진 덕을 행하면서 어진 이를 오게 한다면 쉬울 것입니다."

이제 막 10살이 된 정조가 유교 군주로서의 덕목을 막힘없이 말했던 것입니다. 영조는 손자의 대답에 매우 흡족해했습니다.

"지금 세손을 보니, 진실로 성취한 효과가 있다. 한없이 많은 일 가운데 이보다 나은 것은 없으니, 300년의 명맥이 오직 세손에게 달려 있다."

《영조실록》 97권, 37년(1761) 1월 5일

　세손은 왕세자의 맏아들을 말합니다. 세자가 멀쩡히 살아서 대리청정을 하고 있는데, 영조는 조선의 명맥이 세손인 정조에게 달려 있다고 말한 것입니다. 말이 안 되는 이야기지요. 하지만 영조는 내심 이때부터 후계 구도를 고민하고 있었는지도 모릅니다. 뭘 해도 못마땅한 아들보다 영특한 손자에게 나라를 물려주는 게 낫지 않을까 하고 말입니다. 아들인 사도세자를 포기하고 세손인 정조에게 희망을 건 셈입니다.

　사도세자도 아들의 존재가 자신의 목을 조여오고 있다는 사실을 어느 정도 직감했던 것 같습니다. 혜경궁 홍씨에게 이렇게 말하기도 했으니까요.

　"아마도 무사하지 못할 듯하니 어찌하면 좋을꼬. 세손을 귀하게 여기시니 날 없앤다고 상관이 있겠는가."

　세손이 영조의 총애를 받으니 자기는 없어질 수도 있다고 생각한 것입니다.

　이런 걱정을 하면서도 사도세자는 기행을 멈추지 못했습니다. 궁 밖에서 여승과 기생을 데려와 함께 잔치를 벌이고 신분을 구분하지 않은 채 밤새도록 놀기도 했지요. 엄격한 법도를 지닌 궁궐에서는 상상도 못 할 일이었습니다. 기괴한 행동은 여기서 끝나지 않

있었습니다. 사도세자는 자신의 거처를 무덤같이 만드는가 하면, 나중에는 아예 세자궁 근처에 땅을 파서 마치 관처럼 보이는 지하 방을 만들기까지 했습니다. 한 나라의 왕세자가 궁궐 안에서 이러고 있으니 그야말로 왕실의 근심이었을 것입니다.

왕세자에게 내려진
대처분의 결과

사도세자가 점점 망가져가던 이때, 사도세자의 친어머니인 영빈 이씨가 영조를 찾아가 충격적인 청을 올립니다.

> "소인이 차마 이 말씀은 모자지간의 도리로 보아 못 할 일이지만, 육체를 보호하고 세손을 건져 종사를 평안히 하는 일이 옳으니 대처분을 하소서."
>
> 《한중록》

대처분이란, 한마디로 사도세자를 죽이라는 것이었습니다. 친어머니가 아들을 죽여달라고 하다니, 상상조차 하기 힘든 일이지요. 영빈 이씨가 이런 말을 꺼내게 된 것은 사도세자가 벌인 사건 때문이었습니다.

영빈 이씨가 영조를 찾아가기 이틀 전 밤, 사도세자는 영조의 거처를 찾아가려 했습니다. 문제는 그 즈음 사도세자가 했던 말이었습니다.

"칼을 차고 가서 어떻게 해버리고 싶다."

이런 말을 내뱉었던 세자가 아버지의 거처에 찾아가려 한다니요? 이는 곧 영조를 칼로 죽이고 싶다는 뜻이었습니다. 사도세자는 완전히 이성을 잃은 상태였지요. 게다가 이들은 일반적인 아버지와 아들 사이가 아닙니다. 왕과 왕세자의 사이지요. 왕세자가 왕을 죽이려고 하는 것은 한마디로 반역인 것입니다.

그날 밤의 일을 전해 들은 영빈 이씨는 날이 밝자마자 영조를 찾아가 그때까지 아들이 저지른 비행은 물론 전날 밤에 있었던 일까지 모두 고했습니다. 그리고 아들을 죽여달라고 요청합니다. 살려달라고 빌기에는 이미 사도세자의 행동이 최악으로 치달아 있었습니다. 사도세자의 폭력성과 기행을 오랜 시간 지켜본 영빈 이씨 또한 아들에 대한 기대를 내려놓았을 것입니다. 두려워했을 수도 있지요. 차라리 영조에게 먼저 사도세자의 행동을 보고하고 자신과 손자인 정조를 지키려고 했을지도 모릅니다.

영빈 이씨의 청을 들은 영조는 사도세자의 장인 홍봉한을 불러 이렇게 말했습니다.

"세자를 두고 볼 수 없으니 처분을 감행하고 사도세자의 아들, 정조로 그 뒤를 잇겠다."

아들인 사도세자를 죽여야겠다고 결심한 것입니다. 그런데 영조는 왜 이런 이야기를 홍봉한에게 한 것일까요?

사도세자가 사라지면 장인인 홍봉한의 입지도 덩달아 위험해질 것입니다. 그러니 홍봉한은 사도세자의 편을 들 수밖에 없는 입장이었지요. 영조도 그 사실을 알고 있었습니다. 그래서 홍봉한을 불러내 손자인 정조와 홍씨 집안의 안전을 미리 약속하며 자신의 뜻을 밝힌 것입니다. 혹시라도 홍봉한이 사도세자를 돕지 못하도록 한 것이지요.

결국 홍봉한도 영조의 뜻에 따라 정조가 다음 왕이 되는 데 동의합니다. 사도세자는 아버지와 어머니, 그리고 자신이 믿고 의지하던 장인에게까지 버림을 받게 되었습니다. 이제 남은 것은 영조가 사도세자를 실제로 처분하는 일뿐이었습니다.

영조는 곧장 사도세자가 머무는 창경궁으로 향했습니다. 얼마 후, 사도세자를 데려오라는 왕의 명령이 떨어졌습니다. 군사들은 궁궐을 네다섯 겹으로 에워쌌고, 무사들은 칼을 빼 들고서 왕을 호위했습니다. 사도세자는 세자 관과 옷, 신발까지 벗은 채 맨발로 엎드려 영조 앞에 머리를 조아렸습니다. 이마에서는 피가 흐르고 있었습니다. 사죄의 뜻으로 돌바닥에 머리를 찧었기 때문입니다. 한 나라를 이어받을 세자라고는 볼 수 없을 만큼 비참한 모습이었습니다.

영조는 사도세자에게 칼을 집어 던지며 말했습니다.

"자결하면 세자의 이름을 잃지는 않을 것이니 속히 자결하라."

"아바마마, 아바마마, 잘못하였습니다. 이제는 하라시는 대로 하고 글도 읽고 말씀도 다 들을 것이니 이러지 마옵소서."

사도세자는 죽음을 명령하는 아버지에게 빌고 또 빌었습니다.

"소자 죄가 많습니다만, 과연 죽을죄까지 있는지 모르겠습니다."

애원이 통하지 않자 저항도 해봤지요. 하지만 영조의 마음은 흔들리지 않았습니다.

아버지의 마음이 바뀌지 않을 거라는 사실을 직감했던 것일까요? 사도세자는 실제로 자결을 하려고 했습니다. 그런데 실패하고 말지요. 사도세자가 목숨을 끊으려고 할 때마다 신하들이 칼을 빼앗고, 목에 건 끈을 풀어주고, 돌에 던지는 머리를 손으로 막으며 필사적으로 방해했기 때문입니다. 왜 그랬을까요? 비록 처벌을 받고 있는 상황이지만 사도세자는 분명 조선의 세자였습니다. 만일 이 일이 해프닝으로 끝나버린다면 다음 왕이 될 사람이었지요. 신하들이 가만히 있으면 그건 왕실에 대한 불충이 되는 것입니다.

그렇게 사도세자의 죽음을 두고 온갖 실랑이가 벌어지는 동안 저녁이 되었습니다. 그리고, 창경궁 앞뜰에는 우리가 잘 아는 그 뒤주가 등장하고야 맙니다.

"뒤주로 들어가라."

영조는 사도세자에게 그렇게 말했습니다. 자정이 넘어서는 사

뒤주 국립민속박물관 제공

도세자를 세자의 자리에서 폐위시키라는 명령까지 내렸지요. 사도세자는 뒤주 안에 들어갔지만, 얼마 지나지 않아 뚜껑을 발로 차고 뛰쳐나왔습니다. 그 소식을 들은 영조는 특단의 조치를 취했습니다. 다시 세자를 잡아서 뒤주에 가두도록 한 다음, 직접 밧줄로 뒤주를 꽁꽁 묶고 무거운 풀 더미를 덮은 것입니다. 뒤주 안에는 빛 한 줄기 닿지 않게 되었습니다.

사도세자가 뒤주에 갇힌 지 8일째 되는 날, 또 하나의 왕명이 떨어졌습니다. 뒤주에 구멍을 뚫고 안을 살펴보라고 한 것입니다. 사도세자가 죽었는지 확인하라는 것이었지요. 구멍으로 살펴본 세자는 아무런 움직임이 없었습니다. 그러자 영조는 또 다른 명을 내립니다. 구멍을 더 크게 뚫어서 손을 넣어 만져보라는 것이었습니다. 사도세자의 몸은 이미 차갑게 식어 있었습니다.

영조는 그제야 뒤주의 뚜껑을 열고 사도세자를 꺼내주었습니다. 사도세자의 시신은 좁은 뒤주 속에서 잔뜩 웅크린 모습이었습니다. 뒤주에서 꺼낸 뒤에도 한쪽 무릎은 끝내 펴지지 않았다고 합니다. 조선의 왕세자였던 사도세자는 28살의 나이로 그렇게 생을 마감하게 되었습니다.

왜 하필 뒤주에
갇혀야 했나

사도세자와 영조 사이에서 벌어진 일은 말 그대로 비극이었습니다. 아버지가 아들을 죽였다는 사실도 끔찍하지만, 그 방법은 더욱 충격적이지요. 영조는 악행과 죄상이 명백하다는 이유로 사도세자를 죽였습니다. 연산군과 같은 폭군이 될 것이 명백하다는 것이었습니다.

사도세자 묘지문에는 이런 내용이 있습니다.

"자고로 무도한 군주가 어찌 한둘인가? 그러나 세자 시절부터 그런 경우는 내 아직 듣지 못했노라."

이것이 영조의 진짜 속내였습니다. 평범한 아들이면 미쳤다는 이유로 죽이지 않겠지만, 장차 왕이 될 세자는 다르다는 것이지요. 세자 시절부터 이렇게 무도한 자는 없었다는 것입니다. 영조는 쉽게 사람을 죽이고 정신까지 이상한 세자를 그냥 둘 수 없었습니다. 그런 세자를 막을 수 있는 사람은 자신뿐이라고 생각했을 것입니다.

사도세자를 제외한 대안은 정조 하나뿐이었습니다. 영조는 많이 고심했을 것입니다. 사도세자가 죄인의 신분으로 죽게 되면 정조의 정통성에 큰 결함이 생길 테니까요. 죄인의 아들은 왕이 될 수 없었습니다. 따라서 사도세자는 공식적인 재판 없이 죽어야 했습니다. 영조가 처음 명령한 대로 사도세자가 자결을 했다면 간단히 끝났을 것입니다. 하지만 신하들의 만류로 자결이 불가능한 상황에서 영조가 선택한 방법은 뒤주였습니다. 정치적 의도를 가지고 치밀하게 계산한 결과였지요. 결국 사도세자가 뒤주에 갇혀 죽은 비극은 영조가 철저하게 조선 왕실의 안정을 생각해서 감행한 일이었습니다. 아버지가 아닌 군주로서 불가피한 선택을 할 수밖에 없었지요.

사도세자가 죽은 뒤, 영조는 죽은 아들의 신분을 곧바로 다시 세자로 회복시키고 생각할 사思, 슬퍼할 도悼라는 글자를 붙여 '사도'라는 시호를 내립니다. '생각하니 슬프다', 혹은 '슬픔을 잊지 못하고 생각에 잠긴다'는 뜻으로 해석되는 말이지요.

폭력과 기행을 일삼았다고 한들, 정조가 태어나지 않았다면 사도세자가 과연 죽음에까지 이르렀을까요? 정조가 태어났다고 하더라도 그처럼 똑똑하지 않았다면 이야기가 또 달라졌을지도 모르지요. 사도세자의 죽음에는 다양한 해석의 여지가 있지만, 이것만큼은 확실합니다. 왕실이라는 배경을 무시하고 영조와 사도세자를 평범한 부자 관계 속에서만 바라본다면, 사도세자의 죽음은 계속해서 미스터리일 수밖에 없다는 사실말입니다. 왕실은 정치적 이해관계에 따라 돌아가는 곳이니까요.

역사 속 인물과 사건은 시대와 공간이라는 배경, 주변 인물, 다른 사건과의 관계를 고려하여 다양한 관점에서 살펴보아야 합니다. 그러면 표면적인 사실을 넘어 내면을 들여다볼 수 있지요.

사도세자도 처음에는 아버지의 총애를 한 몸에 받고 자란 아들이었습니다. 평범한 부자 관계가 아니라 왕과 세자의 관계였기에 서로의 마음을 살피고 위로해주기 힘들었겠지요. 사도세자의 죽음은 정치적 이해관계를 고려해야만 비로소 이해할 수 있는 사건입니다. 이렇듯 탐구적 시선으로 역사를 바라본다면, 불가해한 인물이나 사건도 좀 더 깊이 이해할 수 있게 될 것입니다.

7장

멀고 먼 성군

한희숙(숙명여대 역사문화학과 교수)

세종대왕은 어쩌다
머느리 넷을 쫓아냈나

대한민국을 대표하는 위인을 뽑는다면 사람들은 누구를 떠올릴까요? 존경하는 위인을 묻는 설문조사에서 항상 1위를 차지하는 인물이 있으니, 바로 세종대왕입니다. 1만 원권 지폐, 세종문화회관, 세종특별자치시 등 일상에서도 그의 존재를 쉽게 찾아볼 수 있죠.

조선의 제4대 왕인 세종은 워낙 광범위한 분야에 걸쳐 많은 일을 한 터라 그의 업적을 일일이 열거하기가 어려울 정도입니다. 오늘날 전 세계의 인정을 받은 우수한 글자 한글을 창제한 것은 물론이고, 집현전을 통해 인재를 발굴하여 학문을 장려했습니다. 또한 각종 과학기구를 개발하고 무기를 개량하는 등 국방에도 힘썼지요. 문무를 가리지 않고 신경을 쓴 셈입니다. 정치와 문화 등 모든

세종대왕 동상 서울시 광화문광장에
세워진 세종대왕 동상

면에서 빛나는 업적을 기려 우리는 그를
왕이 아니라 '대왕'이라고 부릅니다.

게다가 세종은 애민정신이 남달랐던
왕으로도 유명합니다. 백성을 사랑한 그
마음이야말로 세종이 지금까지 성군이
라 불리는 이유지요. 그런데 이토록 어진
왕에게도 가정을 이끄는 일은 만만치 않
았나 봅니다. 세종은 며느리를 쫓아낸 무
정한 시아버지이기도 했습니다. 그것도
1명도, 2명도 아닌 무려 4명이나.

대체 며느리들이 무슨 잘못을 저질렀
기에 그랬을까요? 세종과 며느리들 사이
에는 어떤 일이 있었던 걸까요? 조선의 성군 세종이 아닌 시아버
지 세종은 어떤 사람이었을까요? 지금부터 바람 잘 날 없던 세종
집안의 가족사를 벗겨보겠습니다.

성군 세종,
시아버지가 되다

1427년 4월 26일, 문무백관을 거느린 세종이 예복을 갖춰 입고

경복궁 근정전 앞에 나타났습니다. 근정전은 조선 시대에 왕의 즉위식을 비롯해 국가의 중대한 행사를 치르는 건물이었습니다. 신하들이 임금에게 새해 인사를 드리거나 외국 사신을 맞이하는 장소이기도 했지요. 예복을 입고 근정전에 나왔다는 것은 그만큼 중대한 의식이 있다는 뜻이었습니다.

그날의 경사는 왕실의 결혼으로, 주인공은 세종과 소헌왕후 사이에서 태어난 귀한 맏아들이자 조선의 왕세자인 문종이었습니다. 세종은 세자빈을 맞이하러 가는 세자에게 덕담과 훈계를 하기 위해 근정전에 나왔던 것입니다.

세종은 당시에도 백성들에게 성군으로 칭송받았습니다. 이런 왕의 아들, 그중에서도 세자가 결혼을 한다니 그야말로 나라의 경

경복궁 근정전 문화재청 제공

사였습니다. 그런데 이 결혼이 더 특별했던 까닭이 있습니다. 바로 문종이 세종의 적장자라는 것입니다.

태조에서 세종에 이르기까지 4명의 왕이 나라를 다스렸지만, 그 중 적장자 출신은 아무도 없었습니다. 태조 이성계는 스스로 나라를 세운 건국 군주였지요. 제2대 왕인 정종은 태조의 둘째 아들이었고, 제3대 왕 태종은 태조의 다섯 번째 아들이자 정종의 동생이었습니다. 뒤이어 왕이 된 세종 역시 태종의 적장자인 양녕대군이 세자에서 폐위된 후 형 대신 왕위에 오른 셋째 아들이었습니다. 그러니까 조선은 건국 이후 단 한 번도 적장자가 왕위를 계승받은 적이 없는 것입니다. 그런데 세종 대에 와서야 유교 종법에 따른 가계 계승 원칙, 즉 정통성 있는 적장자로 왕위를 계승할 수 있는 기회를 맞이한 것입니다. 유교 이념을 따르는 조선에서는 굉장히 상징적인 일이었지요. 그런 문종의 결혼이니 만큼 이 행사는 조선과 세종에게 특히 중요했습니다.

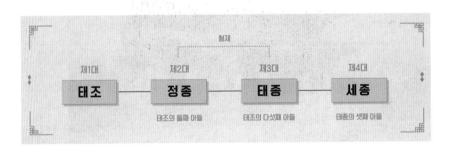

조선 왕의 계보

이 중요한 결혼식의 주인공 문종은 어떤 인물이었을까요? 문종은 재위 기간이 2년 정도밖에 되지 않는 탓에 병약한 임금의 이미지가 강합니다. 드라마에서도 몸이 아파 누워 있는 모습으로 등장하곤 하지요. 하지만 실록에 적힌 세자 시절의 문종은 그런 이미지와 많이 다릅니다.

> "육예·천문·역상·성률·음운에 이르기까지 통달하지 않은 것이 없었다."
>
> 《문종실록》1권 총서

정확히 무슨 내용인지는 몰라도 우리가 익히 알고 있던 문종의 모습과 사뭇 다르다는 건 알 수 있겠지요? 내용을 하나씩 살펴보면 아마 깜짝 놀라실 것입니다. 우선 육예六藝는 유학 교육에서 다루는 여섯 가지 기초 교양으로 예절, 음악, 활쏘기, 말타기, 서예, 수학을 말합니다. 천문天文과 역상曆象은 과학과 천문학에 해당하고, 성률聲律과 음운音韻은 언어학을 뜻하지요. 요즘 말로 표현하면 공부부터 예체능까지 못하는 게 없었다는 것입니다.

이것만으로도 충분히 훌륭한데, 심지어 문종은 인물도 출중했다고 합니다. 조선을 방문한 명나라 사신들은 세자 시절의 문종을 보고 이렇게 말했다고 하지요.

"이 나라는 경치가 빼어나서인지 이런 아름다운 인물이 나는군요."

공부 잘하지, 예체능에도 뛰어나지, 잘생기기까지 한 문종은 효심마저 지극했습니다. 몸이 불편한 아버지를 위해 직접 귀한 전복을 잘라서 바칠 정도였으니까요. 아들이 가져온 전복을 맛본 세종은 기뻐서 눈물까지 흘렸습니다.

이처럼 문종은 어린 시절부터 자질과 능력이 탁월했습니다. 게다가 7살에 세자가 된 뒤 29년이라는 긴 시간 동안 세자 수업을 받아 그 이전의 어떤 왕들보다 철저하게 왕위에 오를 준비를 할 수 있었지요. 세종은 40대에 들어 병이 깊어져 세자였던 문종에게 대리청정을 시켰습니다. 이 기간 동안 문종이 내정에 힘써 나라를 안정시킨 덕분에 세종 대 후기에 훈민정음 창제나 각종 서적 편찬 같은 여러 가지 문화 사업이 원활하게 추진될 수 있었지요. 문종은 즉위 후에 강병을 위해 군사제도를 정비하기도 하는 등, 문무를 아우르는 면마저 아버지를 꼭 닮은 준비된 왕이었습니다.

세종에게 조선 대표 엄친아 문종은 바라만 봐도 배가 부른 아들이었을 것입니다. 귀하디귀한 아들이었으니 그 상대 또한 얼마나 중요하게 여겼을까요? 세종은 무려 3년이나 며느릿감을 고르고 또 골랐습니다. 그토록 신중하게 고른 문종의 배필감은 군대의 최고 지휘관인 정3품 상호군, '김오문'이란 인물의 딸이었습니다. 김오문의 딸은 문종과 결혼하여 세자빈이 되었고, 세종에게 휘빈이라는 호를 받지요. 바로 문종의 첫 번째 세자빈, 휘빈 김씨입니다.

"김씨를 왕세자의 휘빈徽嬪으로 봉하였다. 임금이 근정전에 거동하여 왕세자빈에게 책인을 주었다."

《세종실록》36권, 9년(1427) 4월 9일

첫 번째 세자빈의
충격적 행보

정통성과 능력을 모두 인정받은 잘생긴 남편에 자애로운 성군인 시아버지까지 둔 휘빈 김씨. 훗날 조선의 국모가 될 자리에 올랐으니 모두가 부러워했지만, 휘빈 김씨의 결혼 생활은 불과 2년여 만에 끝나고 맙니다. 아마 결혼 초기부터 행복과는 거리가 멀었던 것 같아요. 남편인 세자가 휘빈 김씨를 좋아하지 않았기 때문입니다. 차라리 문종이 여자를 멀리했다면 덜 힘들었을 텐데, 문종은 아내에게는 무관심하면서도 몇몇 궁녀들을 가까이하는 것처럼 보였습니다.

자식이라도 빨리 낳았다면 덜 불안했을 것입니다. 남편의 사랑은 받지 못할지언정 세자빈으로서의 자리는 위태롭지 않았을 테니까요. 하지만 그녀에게는 자식을 낳을 기회마저 없었습니다. 세자는 조혼을 했기 때문에 당시 관행에 따라 15살이 되어야 성년으로 간주되어 아내와 합방을 할 수 있었습니다. 두 사람이 결혼할 당시 문종은 14세로, 결혼을 하고도 합방은 하지 않는 상황이었지요. 1년만 잘 버티면 문종이 15세가 되어 합방을 할 테니 기다려보자고 마음을 다잡았을지도 모릅니다. 그런데 이 무슨 짓궂은 운명인지, 문종이 15세가 될 무렵 휘빈 김씨의 할아버지가 세상을 떠나게 되었습니다. 이 경우 유교 예법에 따라 휘빈 김씨는 1년 동안 할아버지 상을 치러야 했고, 상을 치르는 동안에는 합방을 할 수 없었습니다. 결국 결혼을 하고도 2년 동안이나 합방을 할 수 없는 상황이었던 것이지요.

남편이 일만 하면서 자신을 찾지 않고 다른 여자를 마음에 두는 것처럼 보이니 무척 초조했을 것입니다. 세자빈으로서, 또한 여성으로서 비참했겠지요. 휘빈 김씨가 할 수 있는 일은 무조건 참고 기다리거나 남편을 자신에게 오게 할 방법을 찾는 것뿐이었습니다. 세자빈은 후자를 선택한 것 같아요. 문종을 사로잡을 방법을 적극적으로 찾아서 어떻게든 세손을 가져야겠다고 생각한 것이 아닐까 추측됩니다.

휘빈 김씨는 양반가 첩의 딸인 '호초'라는 궁녀에게 은밀한 도움을 청합니다. 휘빈 김씨가 알고 싶어 했던 것은 세자의 사랑을 얻을 수 있는 비술이었습니다. 어머니가 첩이라면 민간에 떠도는, 남자의 사랑을 독차지하는 비법을 잘 알고 있을 거라 생각했던 것이지요.

호초는 휘빈 김씨에게 남몰래 '압승술壓勝術'이라는 비술을 알려주었습니다. 누를 압, 이길 승, 방법 술로, 본래 압승술은 해로운 기운을 제압하여 재앙을 없애고 흉함을 길함으로 바꾸는 술법입니다. 그런데 휘빈 김씨는 문종이 좋아하는 궁녀의 기를 눌러 사랑 싸움에서 이기기 위해 이 술법을 사용했습니다. 세자빈이 절대 하면 안 되는 일에 손대게 된 것이지요.

"남자가 좋아하는 여자의 신을 베어다가 불에 태워서 가루로 만들어 술에 타 남자에게 마시게 하면 내가 사랑을 받고 저쪽 여자는 멀어져서 배척을 받는다."

《세종실록》45권, 11년(1429) 7월 20일

문종은 효동과 덕금이라는 궁녀를 총애했는데, 호초는 휘빈 김씨에게 그 두 사람을 콕 집어서 비술을 실행해보라고 권했습니다. 휘빈 김씨는 호초가 알려준 방법을 바로 행동에 옮겼지요. 효동과 덕금의 신발을 훔쳐다가 직접 신발 코를 자른 뒤 불태워 가지고 다니면서 틈틈이 기회를 엿봤습니다. 세 번이나 시도했지만, 비술을 쓰는 데는 끝내 실패했습니다.

그러나 휘빈 김씨는 포기하지 않았습니다. 다시 호초를 불러들여 다른 방법을 물어봤지요. 호초가 두 번째로 알려준 방법은 더욱 충격적이었습니다.

"두 뱀이 교접할 때 흘린 정기를 수건으로 닦아서 차고 있으면 반드시 남자의 사랑을 받는다"고 하였다.

《세종실록》 45권, 11년(1429) 7월 20일

두 번째 비술은 실패로 끝난 첫 번째 비술보다도 훨씬 어렵고 까다로웠지만, 그럼에도 휘빈 김씨는 이 비술에 혹했던 것 같습니다. 절박한 심정에 지푸라기라도 잡고 싶은 심정이었겠지요. 하지만 그녀가 이처럼 위험한 행동을 하는 데가 어디 보통 곳인가요? 보고 듣는 눈과 귀가 사방에 깔린 궁궐 안입니다. 세자빈이 비술을 쓴다는 소문은 금세 퍼졌고, 결국 시아버지인 세종의 귀에까지 들어갔습니다.

세종은 믿을 수 없는 소문에 깜짝 놀라 휘빈 김씨에게 진위 여부를 물었습니다.

"궁녀 호초가 저에게 가르쳐줬습니다."

휘빈 김씨가 호초 핑계를 대자, 이번에는 호초를 친히 불러들였습니다. 일개 궁녀가 나라님 앞에 불려갔으니 얼마나 두려웠겠습니까. 호초는 감히 거짓말로 상황을 모면할 엄두도 내지 못하고 그간의 사정을 낱낱이 털어놓았습니다. 세자빈이 먼저 자신에게 방법을 물었고, 실제로 행동에 옮겼다는 고백이었습니다. 그 과정에서 증거까지 발견되었습니다.

사건의 진실을 알게 된 세종은 휘빈 김씨를 다시 불러들였고, 이미 모든 것을 알고 있는 시아버지 앞에서 며느리는 아무런 변명도 할 수 없었습니다. 결국 자신이 한 일을 모두 털어놓았지요. 며느리의 자백을 들은 세종의 심정은 어땠을까요?

> "슬프다, 정말 이런 일이 있었구나. 아아, 세자를 정하고 그 배필을 간택한 것은 진실로 장차 종묘의 제사를 받들며, 어머니로서 궤범이 되어 만세의 큰 복조를 연장하려고 한 것이었다."
>
> 《세종실록》 45권, 11년(1429) 7월 20일

며느리가 저지른 일로 세종은 깊은 슬픔에 빠졌습니다. 예비 국모인 세자빈을 통해 조선의 태평성대를 꿈꿨는데 모두 물거품이 되고 말았으니까요. 세종 입장에서는 가슴이 아플 만도 했지요.

며느리의 비술 사건,
세종의 선택은?

세종은 국가의 기반이 되는 유교 이념이 바로 서야 진정한 국가 성장이 이뤄진다고 생각했습니다. 그래서 백성들에게 유교 윤리를 보급하기 위해 끊임없이 노력했지요. 그 노력의 일환으로《삼강행실도三綱行實圖》라는 책을 편찬했습니다. 삼강이란 유교에서 말

하는 세 가지 덕목으로, 군위신강君爲臣綱, 부위자강父爲子綱, 부위부강
夫爲婦綱을 말합니다. 임금은 신하에게, 어버이는 자식에게, 남편은
부인에게 근본이라는 뜻이지요. 따라서 신하는 임금에게 충성을
다하고, 자식은 어버이에게 효도하며 아내는 남편을 존중해야 한
다는 것입니다. 《삼강행실도》는 이처럼 삼강의 모범이 될 만한 충
신, 효자, 열녀의 이야기를 모은 책입니다.

　1434년, 세종은 설순을 비롯한 여러 학자들에게 《삼강행실도》
를 지으라고 명령합니다. 한글을 창제하기 전의 일인지라 글을 모
르는 사람도 쉽게 배울 수 있도록 그림책으로 만들어지지요. 한마
디로 전 국민 배포용 교훈서를 편찬한 것입니다.

　유교 윤리는 백성에게만 필요한 것이 아니었습니다. 왕이 지켜

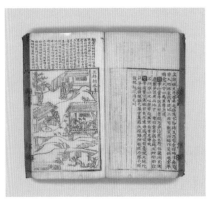
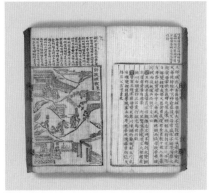

삼강행실도 모든 사람이 알기 쉽도록 매 편마다 그림을 넣어 내용을 한눈에 알아볼 수 있게 했다. 국
립중앙박물관 제공.

야 할 중요한 덕목도 있었지요. 바로 '수신제가치국평천하修身齊家治國平天下', 즉 먼저 몸과 마음을 수양하고 집안을 가지런하게 한 뒤 나라를 다스리고 천하를 화평하게 해야 한다는 것입니다. 조선의 왕이라면 필수로 배우고 익혀야 했던 유교 경전《대학》에 나오는 유명한 말로, 유교 이념을 바탕으로 세워진 조선 왕조는 국가 유지의 기초인 집안을 잘 다스려야 국가도 잘 통치할 수 있다고 믿었습니다. 그런 만큼 이혼을 좋지 않게 생각했지요.

유교적 윤리관을 바로 세우기 위해 앞장섰던 세종 역시 이혼을 억제하려고 노력했습니다. 하지만 비술에 빠진 며느리의 행동은 도저히 용납하기 어려웠는지 결국 아들 문종 부부의 이혼을 결정합니다. 집안을 잘 다스리고 백성들의 이혼을 막으려고 했던 세종이 정작 아들 부부는 이혼시켜버린 것이죠. 어쩌면 모순적일 수도 있지만 휘빈 김씨의 행동에 세종이 얼마나 격분했는지 짐작할 수 있는 부분입니다. 당시 세종이 얼마나 분노했는지는 기록으로도 남아 있습니다.

> "지금 김씨가 세자빈이 되어 아직 두어 해도 못 되었는데, 그 꾀하는 것이 감히 요망하고 사특함이 이미 이와 같기에 이르렀으니 (…) 왕궁 안에 용납할 수 없는 바이니, 도리대로 마땅히 폐출시켜야 할 것이다."
>
> 《세종실록》45권, 11년(1429) 7월 20일

비술을 시도한 며느리 휘빈 김씨는 서인으로 강등시켜 친정으로 돌려보냈고, 세자빈에게 비술을 가르친 궁녀 호초는 목을 베는 참형에 처했습니다. 세종의 분노를 처벌 수위로도 짐작할 수 있겠지요?

조선 시대에 세자빈을 비롯해 여성들이 하지 말아야 할 주요 행동 중 하나가 투기와 음행이었습니다. 투기는 질투를, 음행은 음란한 행동을 뜻하는데 이는 중대한 이혼 사유가 되었습니다. 세자빈이 행한 압승술은 투기와 음행 양쪽 모두에 해당하는 일이었습니다. 왕실의 여성으로서 모범을 보여야 하는 세자빈이 이런 행위를 했으니 왕실 입장에서는 수치스러운 일이었을 것입니다. 결국 휘빈 김씨는 2년 3개월 만에 세자빈 자리에서 쫓겨나고 맙니다.

조선 왕실의 며느리 선발법
삼간택

휘빈 김씨를 쫓아낸 다음 날, 세종은 전국에 금혼령禁婚令을 내렸습니다. 금혼령은 왕비나 세자빈을 간택할 때 백성들의 혼인을 금지하는 것으로, 세자에 걸맞은 배우자 후보를 최대한 많이 확보하기 위한 법이었습니다. 즉 금혼령을 내렸다는 것은 다시 며느리를 뽑겠다는 뜻이었지요.

그렇다면 그 많은 사람들 중에서 어떻게 조선의 예비 국모를 뽑았을까요? 왕실의 일원이 될 사람을 고르는 일이니 그 과정이 무척 까다로웠습니다. 이 과정을 삼간택三簡擇이라 불렀지요. 간택은 여럿 중에 가려서 고른다는 뜻이니 삼간택은 말 그대로 왕실 사람들이 혼인할 때 그 배우자를 초간택, 재간택, 삼간택 총 세 번에 걸쳐 고르는 일을 말합니다.

간택제도는 세종의 아버지이자 조선 제3대 왕인 태종 때 처음 만들어진 조선 왕실만의 독특한 혼례 풍습이었습니다. 특히 세자빈을 간택으로 뽑은 것은 세종이 처음이었지요. 생긴 지 얼마 되지 않아 아직 형식이 완전히 자리 잡은 것은 아니었고, 조선 후기에야 비로소 세 번의 절차가 완성되었습니다.

왕실에서 혼례를 준비하는 첫 단계는 우선 국혼이 있을 거라는 사실을 전국에 알리는 것이었습니다. 세종이 그랬던 것처럼 혼기가 찬 처녀들의 혼인을 금지하는 금혼령을 내리는 것이지요. 금혼 대상의 연령대는 국왕이나 왕세자의 나이에 따라 조금씩 달랐지만, 대략 10세에서 15세 안팎의 처녀들이었습니다. 여기에 해당하는 처녀가 있는 집안의 어른은 일종의 지원서라고 할 수 있는 '간택 단자'를 조정에 제출해야 했습니다.

간택 단자에는 무엇을 적어 냈을까요? 1882년 고종 때 세자빈 간택을 위해 받은 단자를 한글로 정리해놓은 문서를 살펴보면 실마리를 얻을 수 있습니다. 지원자의 정보는 두 줄로 정리되었습니

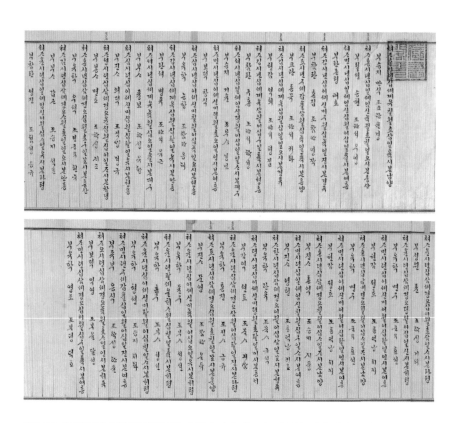

1882년 세자빈 후보자들의 한글단자 순종의 가례 시 1차로 올라온 간택 단자를 한글로 정리한 문서로 후보 32명의 정보가 담겨 있다. 한국학중앙연구원 장서각 제공.

다. 첫째 줄에는 '처자 홍씨 년십세, 계유 칠월 초삼일 육시, 본관 남양'이라고, 둘째 줄에는 '부 승지 만식, 조 교관 순경'이라고 적혀 있습니다. 그러니까 세자빈 지원자의 성과 나이, 생년월일시, 본관을 적고 그다음 줄에는 아버지와 할아버지의 관직과 이름을 적어

가문의 명성을 확인한 것입니다.

위쪽 여백을 보면 소론이라는 글자도 보입니다. 조선의 정치를 배울 때 들어봤을 노론, 소론은 지금으로 치면 일종의 소속 정당이라고 할 수 있습니다. 간택 후보를 뽑을 때 집안의 명성뿐 아니라 정치 성향까지 고려했다는 사실을 알 수 있는 부분이지요.

전국에서 올라온 간택 단자를 통해 30여 명의 후보를 추리면 길일을 잡아 날짜를 정하고 이때부터 본격적으로 삼간택이 시작되었습니다. 초간택에는 서류 심사를 통과한 30명 내외의 후보들이 모두 노란 저고리와 붉은 치마를 입은 채 참여했습니다. 요즘 사람들이 면접을 앞두고 정장을 입듯 면접 복장이 있었던 셈입니다. 이는 면접을 공정하게 치르려는 취지였습니다. 초간택에 오른 이들은 분명 내로라하는 명문가 규수들이었으나 가문의 명예와는 별개로 각 집안의 경제적 사정이 저마다 달랐기 때문입니다. 형평성을 고려하여 지나치게 화려하거나 궁색한 모습이 드러나지 않게 했던 것이지요.

후보들은 줄지어 서 있다가 왕실 어른들에게 큰절을 올리고 자기 자리로 돌아가 서고, 왕실 어른들은 발을 치고 그 모습을 심사했습니다. 후보들의 걸음걸이와 절하는 법을 보며 기본예절을 평가했는데, 보통 5명에서 7명 정도가 이 초간택에 합격했습니다.

합격자들에게는 두 번째 면접인 재간택이 기다리고 있었습니다. 다시 날을 잡고 이뤄지는 재간택에서 중점적으로 보는 것은 바로 식사 예절이었습니다. 후보들이 정해진 자리에 앉으면 궁녀들이 다과상을 날라 왔고 왕실 어른들은 후보들과 함께 차와 간식을 먹었는데, 이는 음식을 먹는 자리에서 얼마나 교양 있게 행동하는지 알아보기 위함이었습니다.

재간택을 통해 결정되는 최종 후보는 단 3명! 이들에게 남은 것은 최종 관문인 삼간택이었습니다. 삼간택은 후보자의 성품과 현명함을 알아보기 위해 구술시험 형식으로 진행되었습니다. 왕실의 가장 높은 어른인 대비나 왕비, 종친들이 면접관으로 나와 질문을 해댔으니 그야말로 압박 면접의 끝판왕이었지요.

보통 혼인의 당사자인 왕이나 세자는 간택에 참여하지 않았지만, 직접 간택 현장에 나섰던 왕도 있습니다. 조선 제21대 왕 영조가 그러했죠. 영조는 후보자들에게 질문을 던졌습니다.

"세상에서 가장 깊은 것이 무엇이냐?"

한 사람이 먼저 대답했습니다. "산이 깊사옵니다." 뒤이어 다른 사람도 대답을 했지요. "물이 깊사옵니다." 마지막 남은 후보자의 대답은 조금 달랐습니다.

"사람의 마음이 가장 깊사옵니다."

이 말을 들은 왕이 이유를 묻자 그녀는 이렇게 설명했습니다.

"사물의 깊이는 자로 재서라도 헤아릴 수 있으나 사람의 마음은 재기도 헤아리기도 어렵기 때문이옵니다."

측량할 수 없는 사람의 마음이야말로 가장 깊다는 뜻이었지요.

헌종가례진하도 병풍 조선 제24대 왕 헌종이 효정왕후와 가례를 치른 후, 진하 장면을 그린 궁중기록화이다. 조선왕실문화의 위엄과 화려한 분위기를 엿볼 수 있다. 경기도박물관 소장.

이 현명한 답변을 한 15세 소녀는 최종 합격을 하여 조선의 국모가 되었습니다. 그녀가 바로 영조의 두 번째 비, 정순왕후입니다.

왕비나 세자빈이 된다는 것은 국모 또는 차기 국모가 된다는 의미였기 때문에 왕실 입장에서는 삼간택을 매우 신중하게 치를 수밖에 없었습니다. 매번 길일을 골라 날짜를 정했기 때문에 때마다 삼간택에 걸리는 기간은 조금씩 달랐지만, 길게는 무려 3개월에 걸쳐 진행되었다고 합니다.

그럼 삼간택을 통과하지 못한 후보자들은 어떻게 되었을까요? 최종 관문에 올랐다가 떨어지면 흔히 알려진 대로 후궁이 되거나 평생 혼자 살아야 했을까요? 최근 후궁에 대한 연구가 활발해지면서 밝혀진 바에 따르면 이는 통념과 다릅니다. 간택에 응했다가 떨어진 이들도 다른 남성과 혼인했습니다. 조선은 혼인을 매우 중요하게 여긴 유교 국가였습니다. 혼인을 해야 자식을 낳을 수 있고, 이들이 충신, 효자, 열녀 등 삼강에 해당하는 인재가 될 테니까요. 이런 분위기 속에서 간택 처자였다는 타이틀은 혼인에 아무런 결격 사유도 되지 않았습니다.

심사숙고 끝에 뽑은 두 번째 며느리

첫 번째 며느리를 쫓아낸 만큼 세종은 두 번째 며느리를 뽑는 데 더더욱 신경을 썼습니다. 세종이 두 번째 세자빈을 간택할 때 가장 중요하게 생각한 것은 무엇이었을까요? 놀랍게도 용모였습니다.

> "이제 동궁을 위하여 배필을 간택할 때에는 마땅히 처녀를 잘 뽑아야 하겠다. 세계世系와 부덕婦德은 본래부터 중요하나, 혹시 인물이 아름답지 않다면 또한 불가할 것이다."
>
> 《세종실록》45권, 11년(1429) 8월 4일

세계는 조상으로부터 대대로 내려오는 계통, 즉 가문을 말하고 부덕은 여성으로서 갖추어야 할 덕을 말합니다. 가문과 덕성은 세자빈을 간택할 때 당연히 중시했던 점이지요. 그런데 여기에 세종이 한 가지 더, 외모라는 조건을 덧붙인 것입니다.

세종의 이야기를 듣고 한 신하가 반대하며 이렇게 말했습니다.

"한곳에 모여 가려 뽑는다면 덕을 보지 않고 오로지 얼굴만 보게 될 것입니다."

그러자 세종은 "잠깐 봐서 덕을 어떻게 확인할 수 있느냐? 덕으로 뽑을 수 없다면 용모로 뽑을 수밖에 없다"라고 답을 합니다. 세종은 조선 시대에 가장 발전해 있던 세 지방, 충청도와 경상도 그리고 전라도에 간택을 담당하는 간택사를 파견했습니다. 간택사들에 의해 세자빈 후보로 뽑힌 이들은 한양으로 올라와 간택에 참여했습니다.

신중하게 고르고 고른 두 번째 며느리는 경상남도 창녕현을 다스리는 고을 원님, '봉여'라는 인물의 딸이었습니다. 세종은 휘빈 김씨의 비술 사건 같은 일이 다시는 발생하지 않기를 바라며, 가문과 덕성은 물론이고 용모까지 고려해서 뽑은 두 번째 세자빈 순빈 봉씨에게 의미 있는 선물을 건넵니다. 바로 《열녀전》이라는 책이었죠. 이 책은 모범이 될 만한 여성들의 이야기를 모은 것으로, 여성들을 가르치기 위한 일종의 훈육서라 볼 수 있습니다.

고열녀전 4권 16세기 중반 초간본. 국립한글박물관 제공.

순빈 봉씨가 어질고 정숙한 며느리, 모범적인 여성이 되길 바란 시아버지 세종의 마음을 짐작할 수 있지요.

그런데 놀랍게도 순빈 봉씨는 《열녀전》을 잠시 읽는 듯하다가 곧 손에서 놓았습니다. 그것도 모자라 "내가 어찌 이것을 배우고 생활하겠는가!"라고 말하며 뜰에다가 던져버렸지요. 무척 충격적인 일이었습니다. 유교사회 조선에서 '효'를 다해야 하는 시아버지의 말씀을 거부한 것임과 동시에, '충'을 바쳐야 하는 왕에게 불손한 행동을 보인 것이니까요.

세종은 순빈 봉씨가 저지른 일을 알게 되었지만 며느리를 따로 불러 혼내지는 않았습니다. 새로 들인 며느리이니 이왕이면 좋게 넘어가려고 했던 모양입니다. 하지만 화가 나긴 했는지 다시는 며느리한테 글을 가르치지 말라고 명령했다고 합니다.

그런데 순빈 봉씨는 《열녀전》을 내팽개친 것에 그치지 않고 더욱 충격적인 일을 벌입니다. 문제의 원인은 다름 아닌 술이었습니다. 세자빈이 궁궐에 술을 숨겨두고 틈날 때마다 마시면서 취한 채로 돌아다닌 것입니다. 술을 얼마나 좋아했는지 실록에도 기록이 남아 있을 정도이죠.

"성품이 술을 즐겨 항상 방 속에 술을 준비해두고는, 큰 그릇으로 연거푸 술을 마시어 몹시 취하기를 좋아하며, 혹 어떤 때는 시중드는 여종으로 하여금 업고 뜰 가운데로 다니게 하고, 혹 어떤 때는 술이 모자라면 사사로이 집에서 가져와서 마시기도 하며(…)"

《세종실록》 75권, 18년(1436) 11월 7일

술에 취해 궁녀에게 업혀 다니는 세자빈이라니, 상상이 가시나요? 게다가 순빈 봉씨는 자신의 아버지가 세상을 떠나 3년 상을 치러야 하는 상황에서도 술을 끊지 못했습니다. 상을 치르는 동안에는 음식을 간소하게 먹고 정갈한 생활을 해야 했는데, 3년은커녕 100일이 채 지나기도 전에 평소처럼 술을 마셨던 것입니다. 술도 술이지만, 유교 국가인 조선에서 중시했던 예법을 무시해버렸으니 좋은 말이 나올 수 없었습니다.

이뿐만이 아니었습니다. 순빈 봉씨는 질투심 때문에 궁녀들을 구타하기 일쑤였습니다. 몇몇 궁녀들은 하도 맞아서 죽을 지경에 이르렀다고 합니다.《열녀전》을 집어던지고, 술에 취해 돌아다니며, 아랫사람을 함부로 대하는 순빈 봉씨. 그런 며느리를 지켜보는 세종의 시름은 깊어만 갔습니다.

문제적 며느리의
상상초월 기행

순빈 봉씨가 저지른 온갖 만행들은 당연히 세종의 귀에도 들어갔습니다. 하지만 세종은 매번 참아냈습니다. 며느리의 행실이 마음에 들지는 않지만 왕조를 이어갈 세자의 아들, 즉 세손을 봐야 한다는 마음이 무엇보다 간절했을 테니까요. 순빈 봉씨와 재혼했을 무렵, 세자 문종의 나이는 16세였습니다. 그때까지 자식을 보지 못한 상태였지요.

그러나 세종의 바람과 달리 문종과 순빈 봉씨는 사이가 좋지 않았습니다. 아들 부부를 걱정하며 잘 지낼 것을 당부하고 타이르던 세종은 상황이 나아지지 않자 이런 말까지 남겼습니다.

"아무리 부모일지라도 어찌 침실의 일까지 자식에게 가르칠 수 있겠는가."

답답한 마음을 참지 못한 세종은 결국 명문가 출신 여인 3명을 간택하여 세자의 소실로 들이는 특단의 조치를 취합니다. 소실이란 정식 아내가 아닌 첩을 이르는 말입니다. 후궁은 왕의 첩을 가리키는 말이기 때문에 세자의 첩을 부를 때는 보통 소실이라고 했지요. 세자빈에게서 왕실의 후계자가 태어난다면 더할 나위 없이 좋겠지만, 적자가 없는 비상사태를 대비해 소실의 아들이라도 있어야 했던 것입니다.

세종의 간절한 마음이 하늘에 닿았던 것일까요? 얼마 안 가 소실 중 한 명인 권씨가 임신을 하게 되었습니다. 나라의 경사요, 세종의 기쁨이었지요. 하지만 세종을 기쁘게 했던 그 소식이 누군가에게는 폭발의 도화선이 되었습니다.

권씨의 임신 사실을 알게 된 순빈 봉씨는 화를 참지 않았습니다. 소실에게 밀릴 거라는 생각에 극도로 불안해한 것 같아요. 질투와 원망, 분노를 쏟아내며 항상 이렇게 말했다고 합니다.

"소실 권씨가 아들을 낳으면 나는 쫓겨나게 될 거야!"

며느리의 행동은 또 한 번 세종의 귀에 들어갔고, 참다못한 세종은 순빈 봉씨를 불러 훈계했습니다.

"네가 대를 잇지 못하니 소실 권씨가 아들을 낳게 되면 세자빈으로서 당연히 기뻐할 일이거늘, 도리어 원망을 하다니 옳지 못하다."

시아버지의 따끔한 가르침에도 순빈 봉씨는 조금도 뉘우치는 기색이 없었습니다. 결국 세종은 아들인 문종을 따로 불러서 당부했습니다.

"비록 여러 소실이 있지만, 정처에게 아들을 두는 것만큼 중요한 일이 없으니 정처를 멀리해서는 안 된다."

모범생인 세자가 아버지의 말을 새겨들었던 걸까요? 얼마 후 순빈 봉씨의 임신 소식이 들려옵니다. 순빈 봉씨가 아들을 낳으면 문종의 적장자이자 세종의 적장손이 태어나는 것이었지요. 오래도록 세손을 바랐던 세종과 소헌왕후는 크게 기뻐하며 며느리가 편안하게 지낼 수 있도록 거처를 왕비전으로 옮겨주기까지 했습니다.

그런데 한 달 뒤, 비극적인 소식이 전해집니다. 순빈 봉씨가 유산을 했다는 것이었습니다. 그야말로 청천벽력이었습니다. 그런데 슬퍼할 새도 없이 더욱 충격적인 진실이 밝혀집니다. 순빈 봉씨의 임신이 거짓이었던 것이지요. 순빈 봉씨가 임신한 권씨에 대한 질투심으로 가짜 임신 소동까지 벌이고 말았던 것입니다.

인내심의 한계에 도달한
시아버지 세종

세자를 유혹하는 비술을 쓰려 했던 휘빈 김씨가 미수에 그쳤음에도 곧바로 폐출된 것과 달리 시아버지 세종은 순빈 봉씨를 몇 번이나 용서했습니다. 순빈 봉씨가 잘못을 저지를 때마다 참고 또 참았지요. 왜 휘빈 김씨와 달리 순빈 봉씨는 참아주었던 걸까요? 실록에 당시 세종의 마음을 엿볼 수 있는 대목이 있습니다.

> "두 번이나 폐출을 행한다면 더욱 나라 사람들의 눈과 귀를 놀라게 할 것이므로, 나는 이를 매우 염려하여 처리할 바를 알지 못하겠다."
>
> 《세종실록》 75권, 18년(1436) 10월 26일

이미 한 번 세자빈을 쫓아냈는데 두 번째 세자빈을 또다시 쫓아낸다면 백성들이 놀랄 수 있다는 것입니다. 순빈 봉씨의 일을 어떻

게 처리해야 할지 모르겠다는 말에서 세종의 고뇌가 느껴지지요? 하지만 결국 이렇게 참기만 했던 세종의 인내심이 폭발하고 마는 사건이 벌어집니다. 궁궐을 발칵 뒤집은 동성애 스캔들이 터진 것입니다.

어느 날, 세자 문종이 궁궐 안에서 청소 중인 한 궁녀에게 은밀히 다가가 말을 걸었습니다.

"네가 정말 빈과 함께 자느냐?"

문종이 궁녀에게 자신의 아내와 동침을 했느냐고 물은 것입니다. 순빈 봉씨가 한 궁녀와 애정 행각을 벌인다는 소문이 궁궐 내에 파다하게 퍼졌고, 문종의 귀에까지 들어갔던 것이죠. 문종은 직접 궁녀를 찾아가 사실을 확인합니다. 그 궁녀의 이름은 '소쌍'이었습니다.

두 사람의 만남은 그보다 1년 전, 길고 긴 동짓날 밤에 순빈 봉씨가 자신의 거처에 소쌍을 불러들이면서 시작되었습니다. 소쌍을 제외한 나머지 궁녀들은 모두 들어오지 못하게 하고 동침을 요구했지요. 소쌍은 거부했지만 세자빈이 강제로 옷을 벗기고 눕혀 희롱했다고 합니다. 그리고 이날 밤 이후, 순빈 봉씨는 소쌍에게 집착하면서 잠시도 자신의 곁을 떠나지 못하게 했습니다. 소쌍이 눈에 보이지 않으면 "나는 너를 매우 사랑하나 너는 그다지 나를 사랑하지 않는구나!"라며 화를 냈지요. 순빈 봉씨의 집착이 너무 심한 나머지 소쌍이 주변에 무섭다고 이야기했을 정도입니다.

"나는 너를 매우 사랑하나 너는 그다지 나를 사랑하지 않는구나"라면서 원망하고 화를 내기도 했다. 소쌍은 다른 사람에게 말하기를, "빈께서 나를 사랑하기를 보통보다 매우 다르게 하므로 나는 무섭다" 하였다.

《세종실록》 75권, 18년(1436) 10월 26일

  이 스캔들은 유교 국가 정립을 추구하는 세종에게 심각한 문제였습니다. 유교 문화에서는 음양의 조화를 자연의 이치로 여겨 무척 중요하게 생각했고, 남녀의 결합인 혼인은 음양이 조화를 이루는 것이라 생각했죠. 남녀가 결합을 통해 자식을 낳아야 가문을 형성하며 대를 이을 수 있는데, 동성애의 경우 집안과 국가의 구성원이 되는 자식을 낳지 못해 가문을 쇠약하게 하므로 큰 결격 사유가 되었습니다. 당시로서는 용납하기 어려운 일이었지요. 두 번째 며느리가 첫 번째 며느리보다 더 심한 루머에 휩쓸리게 된 것입니다.

  이제 세종도 그냥 넘어갈 수가 없었습니다. 세자빈의 부정한 행실을 감싸느니 차라리 며느리를 두 번 내쫓는 편이 낫겠다고 판단했지요. 결국 1436년 10월, 문종이 재혼한 지 7년 만에 세종은 다시 한번 며느리를 쫓아내고 말았습니다.

  심사숙고해 뽑은 두 번째 며느리마저 쫓아낸 뒤 세종의 마음은 어떠했을까요? 1436년 11월 7일, 세종은 침통한 표정으로 대신들에게 순빈 봉씨를 쫓아낸 이유를 설명했습니다.

"전에 김씨를 폐했는데 또 봉씨를 폐하게 되니, 이것은 나와 세자가 몸소 집안을 올바르게 거느리지 못한 소치이다. (…) 내가 마지못하여 세자빈을 폐출하는 뜻을 알리기 바란다."

《세종실록》 75권, 18년(1436) 11월 7일

두 번씩이나 세자빈을 폐출했으니, 세종은 일국의 왕이자 집안을 잘 다스리지 못한 가장으로서 비통하면서도 부끄러웠을 것입니다. 그럼에도 세자빈이 무슨 잘못을 했는지는 숨기지 않고 대신들에게 낱낱이 밝혔지요. 세자빈의 기행뿐만 아니라 이를 바로잡기 위해 자신이 얼마나 노력했는지 알리려 한 것입니다. 한 번도 아니고 두 번이나 예비 국모를 쫓아냈으니 그 선택이 결코 쉽지 않았으며 불가피한 것이었음을 알리고 싶었겠지요. 세종은 자신이 순빈 봉씨를 마지못해 폐출한다는 것을 대신들이 이해하길 바랐습니다.

조선에서 세자빈을 두 번이나 내쫓은 왕은 세종이 유일합니다. 전무후무한 일이었죠. 하지만 세종도 사사로운 감정 때문에 폐빈시킨 것은 아니었을 것입니다. 오히려 나라를 생각하는 마음, 대의의 측면에서 내린 결정이었을 것입니다. 세자빈이라는 존재는 단순히 며느리가 아니라 차기 국모가 될 사람이었기 때문에 세종은 더 완벽한, 시대에 맞는 여성을 원했을 것입니다. 기행을 일삼는 며느리들은 조선의 이념에 어긋난다고 판단했겠죠. 개인적인 아품을 견디면서까지 유교 국가 정립과 이에 걸맞은 며느리를 얻기 위해 두 번이나 세자빈을 쫓아낸 것입니다.

세종의 두 얼굴
성군과 차가운 시아버지

그런데 한편으로는 세종의 이상이 너무 컸던 것은 아닐까 싶기도 합니다. 왜냐하면 세종이 쫓아낸 며느리가 휘빈 김씨와 순빈 봉씨만이 아니었거든요. 세종의 적자인 임영대군과 영웅대군의 아내들 또한 시아버지에 의해 궁궐 밖으로 쫓겨나야 했습니다.

세종과 소헌왕후 사이에서 태어난 넷째 아들 임영대군은 개국공신 남재의 증손녀인 남씨와 혼인했습니다. 그런데 2년 후, 세종은 두 사람을 돌연 이혼시킵니다. 병이 있다는 이유로 말이지요. 남씨 부인이 12살이 넘었는데도 밤에 오줌을 싸고, 눈동자가 바르지 못하며, 혀가 짧은데다, 정신이 이상한 듯한 모습을 보였다는 것을 근거로 제시합니다.

소헌왕후는 세자에 이어 또 다른 아들의 아내마저 쫓아내려는 세종을 만류했습니다. 하지만 세종은 "세자가 아내를 버렸는데 또 임영대군이 아내를 버리는 것은 대단히 부끄러운 일이다"라고 하

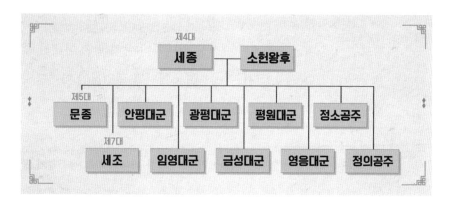

세종과 소헌왕후 사이의 가계도

면서도 끝내 임영대군과 남씨를 이혼시켰습니다.

세종이 쫓아낸 또 다른 며느리는 8명의 대군 중 막내인 영응대군의 아내였습니다. 영응대군은 세종이 유달리 아끼는 아들이었습니다. 훗날 임종이 다가오자 영응대군의 저택으로 가서 지낼 만큼 애정이 각별했지요.

세종은 영응대군이 11세가 되던 해, 좋은 배필을 골라주겠다며 직접 간택까지 진행합니다. 배필로 간택당한 이는 고려 시대부터 대대로 관료를 배출한 유서 깊은 집안의 송씨라는 여인이었습니다. 그렇게 공들여 뽑았는데도 세종의 마음에는 차지 않았나 봅니다. 세종은 이번에도 5년 만에 며느리를 쫓아내버립니다. 역시 병이 있다는 이유였습니다.

그런데 이는 오로지 세종의 뜻이었던 것 같습니다. 세조실록에 따르면 영응대군은 세종이 세상을 떠나자마자 첫 번째 아내인 송씨를 찾아가 재결합합니다. 아내와 헤어지기 싫었지만 아버지의 명령으로 어쩔 수 없이 이혼할 수밖에 없었던 것이지요.

> "송씨가 병이 있어서 세종이 명하여 그를 버리게 하고 정충경의 딸에게 다시 장가들게 하였다. 세종이 승하하자, 엽(영응대군)이 송씨를 그리워하여 정씨를 내쫓고 송씨와 다시 합하여 살았다."
>
> 《세조실록》 41권, 13년(1467) 2월 2일

임영대군과 영응대군의 부인들은 모두 병 때문에 쫓겨났습니다. 유교에서 남편이 아내를 내쫓을 수 있는 이유가 되었던 일곱 가지 허물을 '칠거지악'이라고 하는데, 고치기 힘든 병을 의미하는 '악질'도 그중 하나였습니다. 병이 있으면 자식을 낳고 제사를 받들기가 어렵다고 생각했기에 아내를 내쫓을 수 있는 이유가 되었던 것입니다.

그러나 놀랍게도 임영대군의 전 부인 남씨는 70대까지 장수했고, 영응대군의 부인 송씨는 나중에 딸을 둘이나 낳았습니다. 이러한 점으로 미루어볼 때 두 사람의 병이 그리 심각하지는 않았던 것으로 추측됩니다. 그저 시아버지의 기대에 미칠 만큼 건강하지 않았던 것이겠지요.

애민정신으로 백성을 사랑하고 돌보았던 세종이 왜 유독 며느리들에게는 차가운 면모를 보였을까요? 왕위 계승의 정통성이 부족한 셋째로서 왕이 되어 그런지, 세종은 국가와 집안 모두 자신이 생각하는 유교적 이상에 들어맞기를 원했습니다. 그래서 왕실 사람들에게 높은 기준을 적용한 것인지도 모릅니다.

만기친람萬機親覽은 만 가지 일을 친히 살핀다는 뜻으로, 임금이 모든 정사를 보살핀다는 말입니다. 세종이 바로 그런 왕이었습니다. 식사 시간에는 책을 펼쳐 좌우에 놓고 밥을 먹고, 밤이 깊어도 일을 멈추지 않을 만큼 지독한 워커홀릭이었지요.

세종은 만기친람의 정신으로 정사만 돌본 것이 아닙니다. 가정 또한 자신이 다스려야 하는 영역으로 생각했기 때문에 아들 부부의 문제 역시 정사를 보듯 개입한 것이지요. 요즘 관점에서는 받아들이기 어려운 일이지만, 세종은 왕인 동시에 가장으로서 유교적으로 완비된 왕실을 추구했던 것입니다.

왕비 없이 승하한
조선 유일무이의 왕

순빈 봉씨를 폐출한 이후, 세종은 서둘러 세 번째 세자빈을 찾아 나섰습니다. 명문가 규수 몇 사람을 뽑아 길흉을 점치고 덕과 용모를 살펴보았으나 세종의 마음에 드는 사람은 없었습니다. 그러자 대신들은 세자의 소실들 가운데서 적임자를 뽑는 게 어떻겠냐는 의견을 냅니다. 세종도 결국 대신들의 말에 동의했지요. 새로운 세자빈의 자리는 문종의 딸을 낳은 소실 권씨에게 돌아갑니다. 그런데 이 결정 과정에도 주목할 만한 점이 있습니다.

> "권 양원과 홍 승휘 중에서 누구가 적임자인가. 두 사람은 모두 세자의 우대하는 사람이며 우리 양 궁의 돌보아 사랑하는 사람이다. 그러나 세자의 뜻은 홍씨를 낮게 여기는 듯하나, 내 뜻은 권씨를 적당하다고 생각한다."
>
> 《세종실록》 75권, 18년(1436) 12월 28일

강력한 세자빈 후보로 소실인 권씨와 홍씨가 있었는데 둘 다 조건이 비슷했던 모양입니다. 하지만 문종의 마음은 홍씨에게 있었지요. 그렇다면 아들의 의견을 반영해줘도 좋았을 텐데, 세종은 세자의 마음을 알면서도 세 번째 며느리마저 자신의 마음에 드는 권씨를 택했습니다. 이때 문종의 나이는 23살이었습니다. 그 시대를 고려하면 적지 않은 나이였지만 후사를 이을 아들이 없었습니다. 세손 낳는 것을 무엇보다 중요하게 생각했던 세종은 이를 위해 아이를 낳은 경험이 있는 권씨를 며느리로 들이려 한 것입니다.

세자빈이 된 권씨는 5년 뒤에 아들을 출산하면서 세종의 기대에

구리 동구릉 현릉 경기도 구리시 동구릉에 위치한 문종과 현덕왕후의 무덤인 현릉. 단종의 어머니인 양원 권씨는 사후 문종이 즉위한 뒤에 왕후에 추봉되었다. 한국학중앙연구원 제공.

부응합니다. 고대하던 손자가 탄생했으니 세종의 희열은 말로 할수 없을 정도였겠지요. 하지만 원손이 태어난 바로 다음 날, 세자빈 권씨는 산후병으로 죽고 맙니다. 적장자 단종을 품에 안은 다음 날, 문종은 갑자기 아내를 잃고 만 것입니다.

이후 세자 문종은 새로운 아내를 맞이하지 못한 채 왕위에 올랐고, 아버지 세종의 상을 마칠 즈음 세상을 떠나면서 재위 기간에 왕비가 없었던 유일한 왕으로 남게 되었습니다.

세종은 무려 4명이나 되는 며느리를 쫓아냈습니다. 일반 양반가에서는 상상도 못 할 일이었고, 왕실에서도 전례 없는 일이었지요. 세종 또한 마음이 편하지는 않았을 것입니다. 다른 며느리들은 몰

라도 첫 번째 세자빈 휘빈 김씨를 쫓아낸 일만큼은 오래도록 후회
했다고 전해집니다.

> 문종이 세자로 있을 때에 김빈이 조그마한 과실이 있어서 세종께서
> 명하여 쫓아내게 하셨는데, 그 뒤에 후회하고 말씀하시기를, "내가
> 이 일을 잘못 처리했구나!" 하고 종신토록 말씀하셨다.
>
> 《성종실록》78권, 8년(1477) 3월 30일

조정의 대소사는 물론 모범적인 왕실을 만들기 위해 아들의 가
정사까지 직접 살피며 나랏일과 자식 일 모두 만기친람했던 세종.
유교 이념에 따라 적장자 가계 계승을 원했던 세종은 그 목적을 위
해 세자의 의사와 상관없이 2명의 세자빈을 쫓아냈고, 병을 이유
로 또다시 2명의 며느리를 쫓아냈습니다.

업적만 보면 타의 추종을 불허하는 조선 최고의 성군이지만, 며
느리만큼은 마음처럼 되지 않아 골머리를 앓았지요. 세종도 그 문
제에 있어 자신이 너무 엄격한 것은 아닌지 고민했던 것 같습니다.
그처럼 뛰어난 군주도 집안 문제에 있어서는 고뇌하는 한 명의 가
장이었던 것입니다.

위인전이나 교과서에는 실리지 않은 가장 세종의 고뇌를 알고
나니 세종대왕이 한층 가깝게 느껴지지 않나요? 기록을 통해 위대
한 인물의 인간적인 모습을 발견하는 것 또한 역사의 매력입니다.

성군 세종이 아닌 시아버지 세종을 살펴본 이번 시간이 여러분들께 역사 공부의 재미를 깨닫는 계기가 되었으면 합니다.

8장

멀쩡멋은 스캔들 메이커

김지영 (서울대학교 비교문화연구소 연구원)

어우동은 정말
죽을죄를 지었나

15세기 조선을 뒤흔든 한 여인이 있습니다. 조선 최고의 팜므파탈로 알려진 그녀의 이름은 어우동. 조정을 발칵 뒤집어놓았던 스캔들 메이커입니다. 영화나 드라마에도 자주 등장하는 인물이라 한 번쯤은 이름을 들어보셨을 것입니다. 화려한 전모를 쓰고 강렬한 색상의 한복을 입고 미색을 뽐내는 이미지가 아주 강렬하죠. 하지만 이렇게 널리 알려진 이 여인이 어떻게 삶을 마감했는지 아는 사람은 많지 않습니다.

우선 어우동은 죄인으로 끌려오게 됩니다. 그리고 장형 100대를 선고받지요. 조선 시대의 형벌은 중국 명나라의 《대명률^{大明律}》을 따라 태형^{笞刑}·장형^{杖刑}·도형^{徒刑}·유형^{流刑}·사형^{死刑} 다섯 가지로 나넙니다. 태형은 얇은 회초리인 태로 때리는 형벌이었고, 장형은 태보다 더 두꺼운 장으로 때리는 형벌이었습니다. 장형을 당한 사람은 큰 부상을 입는 것은 물론이고 심한 경우 죽기도 했습니다. 말 그대로 죽을 만큼 아팠기 때문에 양반들은 대신 매를 맞을 사람을 구할 정도였다고 합니다. 그러므로 장형 100대의 형벌을 받았다는 것은, 어우동의 죄가 결코 가볍지 않았음을 의미합니다.

그런데 여기서 끝이 아니었습니다. 왕이 직접 나서서 이 여인에게 법정 최고 형벌인 사형을 명령한 것입니다. 대체 무슨 죄를 지었기에 왕이 직접 나섰을까요? 어우동은 정말로 죽을죄를 지었던 것일까요? 지금부터 어우동의 죽음에 얽혀 있는 비밀을 벗겨볼까 합니다.

양반가 딸에서
왕가 며느리로

매혹적인 이미지와 파격적인 행보로 여러 매체에서 다뤄지다 보니 어우동을 기생으로 오해하는 사람도 적지 않습니다. 하지만 수많은 이야기의 모티브가 된 그녀에게는 사실 놀라운 반전이 있습니다.

어우동은 한양에 사는 지체 높은 양반가의 딸로 태어났습니다.

나라를 위해 특별한 공을 세운 공신 집안이었고, 아버지 박윤창은 지금으로 치면 외교부 국장급에 해당하는 승문원 지사까지 지내게 되는 사람이었죠. 대단한 집안 출신이었던 것입니다.

그런데 여기서 잠깐. 이상한 것이 있지요? 아버지가 박씨인데, 어우동이라니요? 어우동의 성은 어씨가 아니라 박씨이고, 진짜 이름은 '박구마朴丘麻'로 추정됩니다.

그런데 왜 어우동은 멀쩡한 이름을 놔두고 어우동이라고 불렸을까요? 조선 시대에는 여성의 이름을 공적으로 부르는 일이 거의 없었습니다. 그래서 어우동 또한 실제 이름이 아니라 사람들 입에 오르내렸던 별명이라고 볼 수 있습니다. 그 별명에 관해서는 '같이 어울려 통하다'라는 성적인 뜻이라는 설, 야무지지 못하다는 의미인 '얼동'의 잘못된 표기라는 설 등등 다양한 이야기가 있습니다. 기록에는 '어우동'과 '어을우동'이 모두 나타나지만 이 책에서는 우리에게 더 익숙한 호칭인 어우동으로 부르겠습니다.

어우동의 미모는 당시에도 꽤 유명했던 것 같습니다. 조선 전기 문신이자 학자 성현成俔이 쓴 필기잡록《용재총화》에도 어우동에 대한 이야기가 적혀 있거든요.

"어우동은 지승문 박 선생의 딸이다. 집안이 부유하고 아리따웠다."

《용재총화》

필기잡록은 그 당시에 쓰인 일종의 잡담집이라고 할 수 있습니다. 개인의 저술이라는 한계가 있지만, 인물의 일화를 비롯해 사회문화 전반을 다루고 있어서 조선 전기의 역동성과 다양성을 읽어낼 수 있는 귀중한 자료로 평가받습니다. 바로 이 잡담집에 어우동의 미모에 대한 이야기가 실린 것입니다. 게다가 조선 시대에는 여성의 외모를 기록으로 많이 남기지 않았습니다. 그런데 어우동에 대해서는 굳이 '아리따웠다'라고 표현하고 있죠? 이런 것을 봤을 때 어우동의 외모는 정말 대단했던 것 같습니다. 좋은 집안과 재력, 미모까지 갖춘 어우동은 그야말로 '엄친딸'이었습니다. 혼기가 차자 금세 혼담이 오갔지요. 그녀를 며느리로 들이고 싶어 하는 집안은 다름 아닌 조선의 왕가였습니다.

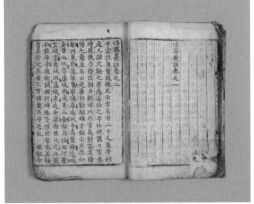

용재총화 국립중앙박물관 제공

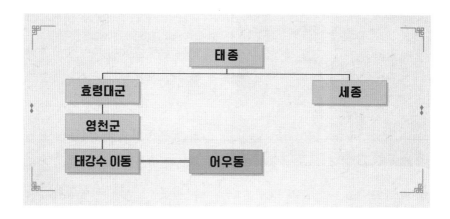

왕실 가계도 태강수 이동 가계도

태종 이방원에게는 아들이 11명 있었는데, 중전인 원경왕후 민
씨와의 사이에서 낳은 아들은 4명입니다. 그중 셋째 아들이 세종
대왕이고, 둘째 아들이 효령대군이죠. 어우동의 남편감은 효령대
군의 다섯째 아들 영천군의 서자인 태강수 이동이었습니다. 태종
의 증손자였으니, 말 그대로 조선의 로열패밀리였던 셈입니다.

태강수 이동은 서자이긴 해도 적자가 없는 집안의 큰아들이자
왕의 혈족이었기 때문에 종친 대우를 받았습니다. 조선 시대 종친
은 왕의 가까운 친족으로 왕의 현손, 즉 4대손까지를 포함합니다.
이들은 관직에 오르지 못하는 대신, 조선 최고의 예우 관부인 종친
부에 소속되어 종친으로 대우받으며 명예와 부를 누렸습니다. 쉽
게 말해 국가에서 품위 유지비를 지원해준 것입니다. 태강수 이동

선원록 조선 시대 왕의 친인척들을 기록한 족보.
한국학중앙연구원 장서각 제공.

또한 공식적인 관직은 없었으나 품계에 해당하는 토지와 녹봉을 받았습니다.

태강수의 '수'는 종친에게 내리는 봉작명으로 정4품의 종친 품계에 해당합니다. 왕족과 결혼한 어우동도 남편과 동일한 품계인 정4품 혜인이라는 외명부의 작위를 받고 왕실 족보인《선원록》에까지 이름을 올렸지요. 그렇게 어우동은 지체 높은 양반 가문의 딸에서 또 한 번 신분 상승을 하며 왕실의 종친 며느리가 되었습니다.

불륜에 휘말린 어우동, 사건의 진실은?

태강수 이동과 결혼한 어우동은 딸을 낳고 행복하게 사는 듯했습니다. 하지만 행복은 오래가지 않았죠. 얼마 안 가 그들의 결혼 생활은 풍비박산 나고 맙니다. 남편이 도저히 같이 못 살겠다며 어우동을 집에서 내쫓았기 때문입니다. 그가 어우동을 쫓아낸 이유는 무엇이었을까요? 남편의 주장은 어우동이 외간 남자와 바람을 피웠다는 것이었습니다. 감히 왕실 종친 며느리와 바람을 피우다니, 이 간 큰 남자는 누구였을까요? 다름 아닌 태강수 이동이 직접 집으로 불러들인 은그릇을 만드는 은장이었습니다.

어느 날, 태강수 이동은 젊은 은장이를 집으로 불러들였습니다. 그런데 태강수보다 은장이를 더욱 반기는 사람이 있었으니 바로 어우동이었습니다. 어우동은 은장이의 그릇 만드는 솜씨를 칭찬하고 수다도 떨다가 그를 안방으로 끌어들이기까지 했다는 것입니다.

"어우동이 그를 좋아해 매번 남편이 나가고 나면 계집종의 옷을 입고 장인 옆에 앉아서 그릇 만드는 정묘한 솜씨를 칭찬했다. 마침내 내실로 끌어들여 날마다 마음대로 음탕한 짓을 하다가 눈치를 보고 남편이 돌아오면 몰래 숨기곤 했다."

《용재총화》

《용재총화》의 기록만 보면 어우동은 바람을 피운 것이 분명해 보입니다. 태강수 이동이 주장한 이혼 사유지요. 그러나 부부 사이의 일은 양쪽의 입장을 다 들어봐야 합니다. 두 사람의 이혼 이야기는 《용재총화》뿐만 아니라 《조선왕조실록》에도 기록되어 있습니다. 놀랍게도 실록에는 정반대로 적혀 있지요.

"태강수 이동이 여기 연경비를 매우 사랑하여 그 아내 박씨를 버렸습니다. 대저 종친으로서 첩을 사랑하다가 처의 허물을 들추어 제멋대로 버려서 헤어지는데, 한번 그 단서가 열리면 폐단의 근원을 막기 어렵습니다."

《성종실록》 71권, 7년(1476) 9월 5일

《성종실록》에 따르면 이혼 사유가 태강수에게 있음을 알 수 있습니다. 이동이 연경비라는 기생을 사랑해서 아내의 허물을 트집잡아 제멋대로 버리려고 했다는 것입니다. 두 입장이 아주 극명하게 엇갈리는 사건입니다.

그런데 아무리 입장이 달랐다고 한들 어떻게 실록에까지 기록되었을까요? 누군가가 태강수 이동의 행동을 왕에게 고했기 때문입니다. 바로 왕실의 족보를 편찬하고 왕족의 허물을 살펴 잘못을 규찰하는 감찰 기관인 '종부시宗簿寺'였습니다. 유교 이념을 바탕으로 세워진 조선 왕조는 국가 유지의 핵심인 가족이 평안해야 나라도 안정된다고 믿었습니다. 종부시가 말한 '폐단의 근원을 막는다'는 것도 태강수 이동처럼 기생에 빠져 아내를 버리는 일이 많아지면 사회적으로 문제가 될 수 있으니 그런 문제를 근본적으로 차단하자는 뜻이었습니다.

조선 시대에는 양반 이상의 신분이 이혼하려면 왕의 허락을 받아야만 했기 때문에, 어우동 부부의 이혼도 당시 왕이었던 성종의 허락이 필요했습니다. 종부시의 보고를 들은 성종은 어떻게 했을까요? 성종은 태강수 이동에게 정실부인 어우동과 다시 결합하라는 명을 내렸습니다. 그리고 아내를 멋대로 쫓아낸 태강수의 작위를 빼앗는 벌까지 내렸지요. 태강수는 명예직을 뺏기고 봉급마저 못 받게 된 것입니다. 하지만 그는 왕의 명령을 어긴 채 아내를 버렸습니다. 어우동은 결국 집에서 쫓겨나게 되었지요.

어우동이 바람이라도 폈다면 덜 억울했을 텐데, 종부시의 조사에 따르면 어우동은 바람을 피우지 않았습니다. 태강수의 주장대로 어우동이 은장이와 간통을 저질렀다면 종부시에서도 부인을 제멋대로 버렸다고 표현하거나 다시 결합하게 하라는 제안을 하지는 않았을 것입니다. 그러니 성종도 종부시의 의견을 수용하여 재결합하라고 명을 내린 것이죠. 종부시와 성종의 태도에서 기생첩에게 푹 빠져 처를 버린 남편 태강수 이동의 잘못이 크다는 것을 공식적으로 인정했다고 볼 수 있습니다.

어우동 입장에서는 억울하다 못해 화병이 날 지경이었겠지요. 게다가 왕의 명령을 어긴 태강수는 3개월 후에 작위를 돌려받기까지 합니다. 아무리 어명이라도 부부 관계가 이미 파탄 난 상태였기 때문에 재결합을 하라는 명령은 실질적인 효과가 없었던 것입니다.

갈 곳 없는 어우동이 선택한
새로운 삶

명망 있는 사대부 집안의 딸로 태어나 왕가의 며느리가 되었던 어우동. 그런 그녀가 남편으로부터 버림받은 처, 즉 기처棄妻가 되고 말았습니다. 남부러울 것 없는 탄탄대로 인생에서 남편에게 쫓겨난 일은 생애 최악의 실패와 좌절이었을 것입니다. 정신적인 괴로움도 물론 컸겠지만, 문제는 그것만이 아니었습니다.

조선 시대에 양반 여성은 자유롭게 바깥 활동을 할 수 없었습니다. 경제적 자립을 할 수 없으니 남편과 사별하거나 이혼을 했다면 재혼을 해서 생계를 이어나가야만 했지요. 그런데 어우동은 간통 모함을 받은 채 이혼도 못 하고 쫓겨났습니다. 차라리 공식적으로 이혼을 했으면 재혼하고 새 출발이라도 할 텐데 그것도 불가능했던 것입니다.

이러지도 저러지도 못하는 상황에서 어우동은 친정으로 향했습니다. 가족들에게 위로를 받았다면 좋으련만 그곳에서도 어우동의 마음은 편치 않았습니다. 사실 어우동에게는 숨기고 싶은 이야기가 있었습니다. 어우동의 어머니 정귀덕이 소문난 악처였다는 것이지요.

새로 집을 짓는데 지붕에 기와를 올리는 일을 겨우 마치자, 박윤창

이 아내와 더불어 남쪽에 창문 둘 곳을 의논하다가 뜻이 합하질 않
았다. 귀덕이 박윤창에게 욕하기를, "애꾸눈 놈아, 애꾸눈 놈아, 네
가 일을 아는가?"

《세조실록》 7권, 3년(1457) 5월 19일

어우동의 아버지인 박윤창은 높은 관직을 가지고 있었지만, 한
쪽 눈이 보이지 않는 장애가 있었습니다. 아내인 정귀덕은 남편이
장애인이라는 이유로 평소에도 심하게 구박했습니다. 그러던 어느
날, 새 집을 지으면서 부부 사이에 의견 충돌이 일어나자 "애꾸눈
놈아, 네가 뭘 알아?"라는 말로 남편에게 모욕을 주었지요. 여기서
끝이 아니라 화가 나서 장대로 방 안의 창과 벽, 살림살이들을 때려
부쉈다고 합니다. 이 일이 장안의 화제가 되고《조선왕조실록》에도
실렸을 정도이니 정귀덕은 말 그대로 유명한 악처였습니다.

박윤창과 정귀덕은 결국 이혼했지요. 게다가 아버지인 박윤창
은 어우동에게 '내 딸이 아니다'라고 말할 정도로 매정하게 대했습
니다. 남편에게 쫓겨난 어우동은 어머니나 아버지 양쪽 모두에게
보살핌을 받거나 위로받을 수 있는 상황이 아니었던 것입니다.

갈 곳도 없고 마음 둘 곳도 없는 혈혈단신의 어우동은 슬픔에서
쉽게 빠져나오지 못했습니다. 망연자실한 어우동을 옆에서 지켜
보던 여종은 주인의 슬픔을 달래고 싶었지요. 그래서 한 가지 제안
을 합니다.

"사람이 살면 얼마나 산다고 이렇게 상심하고 탄식하고 계십니까? 오종년이란 이는 일찍 출세하여 사헌부의 도리가 되었고, 용모도 아름답기가 태강수보다 월등히 나으며, 족계도 천하지 않으니 배필을 삼을 만합니다. 주인께서 만약 생각이 있으시면, 제가 마땅히 주인을 위해서 불러오겠습니다."

《성종실록》122권, 11년(1480) 10월 18일

바로 오종년이라는 남자를 소개해주겠다는 것이었지요. 사헌부는 지금의 언론과 감찰, 감사원의 역할을 하는 기관이고, 도리는 하급 관리인 서리들의 우두머리이니 요즘으로 말하자면 팀장을 의미합니다. 직업도 괜찮고 승진도 빨리 한 사람으로 보입니다. 게다가 족계, 즉 혈통이 천하지 않다는 걸 보면 양반 출신이고, 여종의 말에 따르면 잘생기기까지 했습니다. 슬픔에 빠진 주인마님을 위해 배필로 삼아도 될 만큼 좋은 남자와의 만남을 준비한 거죠.

재결합을 하라는 왕명에도 불구하고 남편은 아내를 버렸고, 친정 부모 또한 딸을 따뜻하게 품어주지 못했습니다. 여종의 말은 조선 시대에 상상하기 힘든 파격적인 것이었지만, 홀로 탄식만 하고 있던 어우동에게는 솔깃한 제안이기도 했습니다. 자포자기의 심정이었는지 혹은 남편에 대한 복수심이었는지 알 수 없지만, 어우동은 결국 여종의 은밀한 제안을 받아들였습니다. 공식적으로 이혼한 상태가 아닌지라 재혼이 어려운 상황이었지만, 자신의 신분인 양반가 여성의 삶을 유지하는 대신 이전과는 전혀 다른 삶을 선택한 것입니다. 주체적으로 자유로운 삶을 살기로 결심했다고 할 수 있지요.

일부종사에서 벗어나
자유연애를 즐기다

오종년과의 만남으로 어우동은 자유연애를 시작합니다. 오종년은 시작일 뿐이었던 것이지요. 어느 날, 어우동이 허름한 차림으로 길을 걷고 있는데 한 남자가 쫓아왔습니다. 어우동을 보고 한눈에 반했던 것입니다. 어우동은 자신을 쫓아온 이 남자를 맞아 정을 통합니다. 새로운 남자의 이름은 이난. 그런데 이 남자는 어우동과 절대 연관되어서는 안 될 인물이었습니다. 그는 세종의 손자로, 태강수 이동과는 6촌 형제 사이였습니다.

어우동의 남편과 방산수 이난은 유복친에 해당했습니다. 유복친은 장사를 지내는 예법에 따라 상을 당했을 때 함께 상복을 입어야 하는 가까운 친척을 뜻합니다. 보통 고조부모를 공동으로 모시는 8촌 이내를 의미하죠. 법적으로 여전히 종친의 아내였던 어우동이 또 다른 종친 방산수 이난과 만나면서 남편의 6촌 형제와 근친상간을 범하고 만 것입니다.

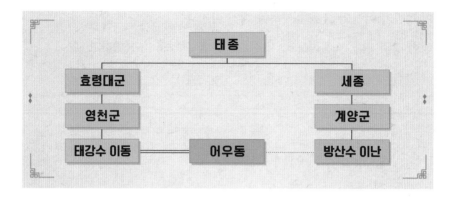

왕실 가계도 방산수 이난 가계도

관계가 발각된다면 조선을 뒤흔들 왕실 스캔들이 될 텐데도 두 사람은 아랑곳하지 않고 만남을 이어갔습니다. 두 사람의 사랑이 매우 깊었던 탓이지요. 방산수 이난이 어우동을 떠올리며 지은 연시를 보면 그 마음을 엿볼 수 있습니다.

> 물시계는 똑똑똑 밤기운 청아한데
> 흰 구름 활짝 걷히니 달빛 환해라
> 빈방 고요한 중에 향기가 남아 있어
> 오늘 꿈에도 그리운 정 그려보오
>
> 《용재총화》

이 시를 쓴 사연은 이렇습니다. 하루는 이난이 집에 왔는데 어우동이 봄놀이를 나가 집을 비운 상태였습니다. 빈집을 돌아보던 이난의 눈에 벽에 걸린 소매 붉은 저고리가 들어왔지요. 기다리는 그 새를 못 참고 이난은 저고리에 어우동을 향한 애틋한 마음을 담아 연시를 적었습니다. 빈방에서 연인의 향기를 맡고 꿈속의 정을 그리는 지극한 마음이었습니다.

어우동도 방산수를 향한 연심을 아주 특별한 방법으로 표현했습니다. 자신의 몸에 그의 이름을 새긴 것입니다. 유교를 숭상하던 조선에서는 부모님께 받은 몸을 소중히 하는 것이 효의 출발이라고 믿었습니다. '신체발부 수지부모身體髮膚受之父母'라는 말이 있듯이 부모로부터 물려받은 머리카락 하나도 함부로 상하게 하면 안 된다고 생각했지요. 그런 유교적 가치관에서 벗어나 문신으로 사랑을 표현한 것입니다. 여성이, 그것도 양반집 여성이 몸에 문신을 새긴다는 것은 정말 충격적인 일이었습니다. 그때는 오늘날과 같이 타투이스트도 없었을 테니 더욱 쉽지 않았을 것입니다. 바늘로 살갗을 찔러 상처를 낸 후 먹물을 묻히고 베로 그 부위를 싸매는 방식이었겠지요.

조선 시대에는 문신이 일종의 형벌이었습니다. "이런 경을 칠 놈을 봤나!"라는 욕이 바로 경형黥刑이라고 하는 문신 형벌에서 유래된 것입니다. 평생 얼굴이나 팔목에 죄명을 새긴 채 살아갈 놈이라고 저주를 퍼붓는 말이지요. 그런데 한편으로는 소수의 연인들이 사랑의 징표로 은밀하게 문신을 남겼다는 기록도 있습니다. 일종의 서약 문신이라고 해야 할까요? 어우동이 방산수에게 그의 이름을 자신의 팔에 새겨달라고 요구한 것 또한 그런 맥락에서 이해할 수 있을 것 같습니다. 몸에 이름까지 새길 정도였으니 어우동에게 방산수 이난이 특별한 남자였던 것은 분명합니다. 그래서인지 두 사람은 오랜 기간 만남을 이어갔습니다.

신분까지 속여가며 만난 또 다른 왕가 남자들

사실 어우동의 몸에 방산수 이난의 이름만 새겨진 것은 아닙니다. 그녀가 몸에 새긴 또 다른 이름은 박강창. 지금으로 따지면 전도유망한 의대생이라 할 수 있는 전의감 생도였습니다. 어우동은 그와 사랑에 빠졌고, 이난의 이름이 새겨진 반대편 팔에 박강창의 이름을 새겼습니다.

더 놀라운 사실은 그 역시 어우동의 마지막 남자가 아니었다는 점입니다. 어우동은 하급 관리 감의향이란 인물과 또다시 사랑에 빠졌지요. 그의 이름도 문신으로 남기고 싶었지만, 양팔에는 이미 다른 남자들의 이름이 있었습니다. 그래서 이번에는 등에다 이름을 새겼지요.

벌써 네 명의 남자가 등장했지만 어우동의 위험한 연애는 끝나지 않았습니다. 한두 명도 아니고 수많은 남자와 자유연애를 즐기다니, 조선 시대에는 입이 떡 벌어질 만한 연애사였지요.

어우동이 이렇게 많은 남자를 만날 수 있었던 데에는 한 가지 비밀이 있습니다. 바로 자신의 신분을 속였다는 것이죠. 양반 여성은 반드시 한 남자만 바라보고 사는 일부종사를 해야 했지만, 첩이나 기녀는 그에 비해 성적으로 자유로운 편이었습니다. 조선 시대는 일부일처 사회였지만 축첩을 법적으로 용인했기 때문입니다. 이런 부류의 여성들은 천민이나 양인으로, 어느 정도는 성적 욕망을 자유롭게 발산할 수 있었습니다. 어우동이 신분을 숨긴 이유도 여기에 있겠지요. 신분을 속여야만 자유로운 연애가 가능했으니까요. 특히 고위직 남자일수록 왕가의 며느리인 어우동을 만난다면 문제가 될 소지가 컸기에 어우동은 자신의 정체를 숨길 수밖에 없었을 것입니다. 그리하여 어우동은 또 다른 왕가 남자들을 만날 수 있었습니다. 방산수 이난 외에도 또 다른 왕실의 종친과 얽힌 거죠.

어우동의 새로운 남자는 남편 태강수 이동과 같은 항렬의 시아주버니, 수산수 이기였습니다. 그는 정종의 증손자였으니, 남편과 같은 항렬의 왕가 남자만 벌써 3명째였지요. 두 사람은 단옷날에 처음 만났습니다. 수산수 이기는 곱게 차려입고 그네를 타러 나간 어우동을 보자마자 반해버렸습니다. 그는 이몽룡이 향단이에게 질문하듯 어우동 곁에 있는 여종에게 물었습니다.

"뉘 집의 여자냐?"

이기의 말에 여종은 이렇게 대답했지요.

"내금위의 첩입니다."

내금위는 왕을 호위하고 궁궐을 지키는 왕실 근위병입니다. 이기는 자신보다 품계가 낮은 하급 군인의 첩이라면 종친인 자신이

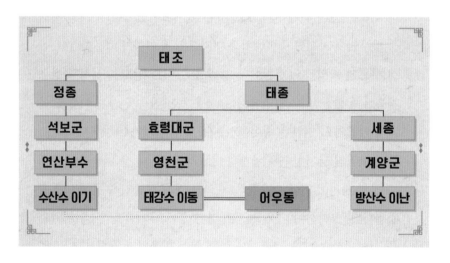

왕실 가계도 수산수 이기 가계도

어찌해볼 만하다고 생각했을 것입니다. 여종의 말을 들은 이기는 어우동에게 접근했습니다. 하급 군인의 첩으로 신분을 속인 어우동은 결국 이기와 사랑을 나눕니다.

어우동은 왕실 남자들과 인연이 많았던 것 같습니다. 왕가의 사위와도 만남을 가졌으니까요. 어우동 남편의 할아버지인 효령대군에게는 이동 외에도 춘양군이라는 손자가 있었습니다. 그러니 이동과 춘양군은 사촌지간이었는데, 어우동은 그 춘양군의 사위와도 만남을 가집니다. 항렬로 따지면 어우동의 자식뻘인 사람이었죠.

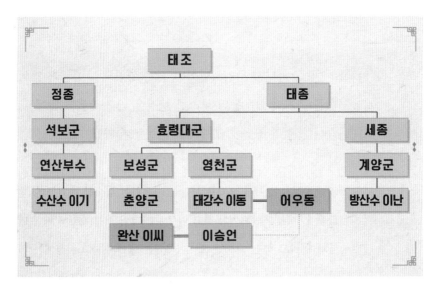

왕실 가계도 이승언 가계도

춘양군의 사위는 이승언이라는 인물로 생원이었는데, 지나가는 어우동을 보고 관심을 가집니다. 이기와 마찬가지로 이 생원은 어우동의 여종에게 질문을 던졌습니다.

"지방에서 새로 올라온 기생인가?"

이번에도 여종은 이생원의 말이 맞다고 거짓말을 합니다. 역시나 신분을 속인 것이지요. 그렇게 해서 어우동은 이승언과도 사랑을 나눕니다.

화려한 연애,
꼬리가 밟히다

1명도 2명도 아니고 무려 4명이나 되는 왕가의 남자들과 얽혀 자유연애를 즐기던 어우동의 화려한 행적은 곧 사람들의 입에 오르내렸습니다. 한양 곳곳에 그녀에 대한 풍문이 떠돌지요.

> 길가에 집을 얻어서 오가는 사람을 지목하며 점수를 매기는데, 계집종이 "아무개는 나이가 젊고 아무개는 코가 커서 주인께 바칠 만합니다"라고 하면, 그녀는 또 "아무개는 내가 취하고 아무개는 네게 주겠다"라고 했다. 이렇듯 실없는 말로 희롱하여 지껄이지 않는 날이 없었다.

　기록에 따르면 어우동과 계집종이 실없는 말로 남자를 희롱하지 않는 날이 없었고 매일 새로운 남자를 점찍었다고 합니다. 그러니 소문이 파다할 수밖에요. 당시 사람들에게 어우동이 어떤 이미지였는지 짐작할 수 있을 것입니다.

　조선 시대에 금지된 자유연애를 즐기던 어우동은 결국 의금부義禁府로 끌려가기에 이릅니다. 의금부는 조선 시대 특수 수사기관으로, 왕의 명령에 따라 중대한 범죄의 수사, 추국, 재판을 담당했습니다.

　1480년 6월, 어우동에 앞서 한 남자가 의금부에 끌려옵니다. 어우동의 저고리에 연시를 남겼던 남자, 바로 방산수 이난이었습니다. 태강수 이동의 부인과 방산수 이난이 불륜에 근친상간을 저질렀다는 사실이 알려지면서 조정은 발칵 뒤집어졌습니다. 이난과 간통을 저지른 어우동은 이미 몸을 피한 상황이었지요. 어우동이 도망갔다는 말을 듣고 왕은 머리끝까지 화가 나 이렇게 명령합니다.

　"죄가 중한 것을 스스로 알고 도망하였다 하니, 끝까지 추포하라!"

　어명까지 내려졌으니, 도망쳐봤자 왕의 손바닥 안이었을 것입니다. 결국 어우동은 얼마 안 가 의금부에 붙잡혀 취조를 받게 됩니다. 어우동은 우선 묵비권부터 행사했습니다. 어쨌든 아직 종친의 아내였으니 혐의가 없으면 무사히 풀려날 수 있을 거라는 일말의 기대를 했는지도 모릅니다. 하지만 분위기가 심상치 않게 돌아갔습니다. 소문이 파다한데도 자백하지 않는 어우동이 괘씸했는지 의금부에서 왕에게 어우동을 국문하게 해달라고 요청한 것이지요.

"어우동이 간통하고도 사실을 숨기고 죄를 자백하지 않으니, 청컨대 형벌을 가하고 국문하게 하소서."

국문은 왕의 명령으로 중죄인을 신문하는 것입니다. 사극에서 많이 보는 것처럼 죄인을 묶어두고 죄를 물은 뒤 자백을 받는 것인데, 이 과정에 고문이 동반됐습니다.

국문을 받은 어우동은 모든 것을 자백했습니다. 자신이 누구와 만났는지 낱낱이 밝힌 것이지요. 침묵을 지키던 어우동이 결국 실토한 이유는 감옥에서 마주친 방산수 이난의 조언 때문이었습니다. 연시를 주고받으며 부부처럼 지내던 두 사람이니 서로가 얼마나 걱정됐겠습니까. 어우동과의 간통 혐의로 불려 온 남자들이 모두 혐의를 부인할 때, 유일하게 그녀와의 관계를 인정하고 어우동을 변호했던 인물이 바로 이난입니다.

"예전에 감동이 많은 간부奸夫로 인하여 중죄를 받지 아니하였으니, 당신도 사통한 바를 숨김없이 많이 끌어대면 중죄를 면할 수 있을 것이오."

이난은 어우동에게 솔직하게 다 말할 것을 권했습니다. 그러면서 감동이란 이름을 꺼내지요. 유감동은 어우동보다 50여 년 전, 세종 때에 조선을 뒤흔든 여인입니다. 이 여인과 간통한 관리가 워낙 많았으나 극형까지 가지는 않았으니, 그때처럼 해보자는 것이었습니다. 어우동은 이 조언에 용기를 얻어 간통한 남자들의 정체를 모두 자백했습니다.

53년 전 벌어진 또 다른 어우동 사건

유감동은 오늘날로 치면 서울특별시장에 해당하는 한성부 판윤의 딸이었습니다. 남편은 강원도 평강현을 다스리는 고을 원님이었지요. 그녀 역시 어우동처럼 지체 높은 양반집 규수였습니다. 그녀는 음란한 행실을 이유로 남편에게 버림받은 뒤 스스로를 창기라 칭하며 무려 40여 명의 남자와 간통했습니다. 숫자로만 따지면 오히려 어우동보다 많지요. 그럼에도 유감동은 중죄를 면할 수 있었습니다.

당시 조선 시대의 모든 형률은 명나라의 법전 《대명률》에 의해 결정된다고 해도 과언이 아니었습니다. 《대명률》에는 간통죄를 어떻게 처벌해야 하는지도 정해져 있었습니다. "무릇 합의하여 간음하면 장 80대인데, 남편이 있으면 장 90대이고, 꾀어서 간음하면 장 100대이다"라는 내용입니다. 여기에 양반의 경우, 일반인과 똑같은 형률을 적용하면 기강이 서지 않는다는 이유로 더 엄하게 처벌하는 관행이 있었습니다. 사회 지도층으로서 더 강한 책임을 물었던 것입니다. 양반 여성이 간통하면 장형으로 다스린 뒤 관에서 일하는 여종인 관비로 만들거나 유배를 보내는 것이 일반적이었지요.

유감동은 《대명률》에 따라 장형을 받은 후 변방에 있는 관아의 여종으로 보내집니다. 비록 사면을 받더라도 한평생 여종으로 살면서 영원히 그 죄에서 벗어나지 못하도록 한 조치였습니다. 그런데 이마저도 8개월 후에 관비가 되는 대신 신분을 되찾고 먼 지방에 유배되는 것으로 마무리됩니다. 보통의 간통 사건으로 매듭지어진 것이지요.

조선은 유교의 나라인데 무려 40여 명과 간통을 하고도 유감동이 극형을 면할 수 있었던 이유는 무엇일까요? 이는 당시 왕이었던 세종의 결정 때문이었습니다.

당시 사헌부는 유감동을 극형에 처해야 한다고 주장했지만 세종은 "더 이상 추국하지 말라"며 일축했습니다. 왕인 세종이 "남녀 사이의 정욕을 어찌 한갓 법령만으로 방지할 수 있겠는가"라며 용

대명률 홍무제 주원장이 1367년 제정하고 이듬해 공표한 명나라의 법전. 총 30권으로 구성되어 있다. 국립중앙박물관 제공.

서해주자는 입장이었기에 유감동은 극형을 면할 수 있었던 것이지요.

조선을 뒤흔든
어우동의 충격적인 자백

유감동 사건이 일어나고 53년이 흐른 1480년, 어우동은 유감동과 같은 결말을 바라면서 간통한 남자들의 이름을 의금부에 죄다 실토했습니다. 어우동의 자백은 조정을 뒤흔들게 되었지요.

그 첫 번째 이유는 사건에 얽힌 이들의 숫자였습니다. 어우동이 실토한 남자의 수는 무려 17명이었습니다. 관계했다는 남자들의 이름이 연달아 나오는 모습을 보고 조정에서는 이런 얘기까지 나왔습니다.

"음란하고 방탕한 것이 몸을 파는 천한 기생과 같다."

지체 높은 종친의 아내가 수많은 남성과 부도덕한 행위를 했다는 것은 그만큼 큰 논란거리였습니다.

두 번째 이유는 대범한 장소 선정 때문이었습니다. 어우동이 자백하는 과정에서 정을 통한 장소가 드러났는데, 그 장소가 실로 기상천외했던 것이지요. 수산수 이기와는 공공기관 건물에서 관계를 맺었다 하고, 김휘라는 사람과는 길가의 집을 빌려서 정을 통했다고 합니다. 가장 충격적인 장소는 바로 조상에게 제사를 지내는 사당이었습니다. 불륜 관계에 있는 남녀가 조상에게 제사를 지내는 매우 성스러운 공간인 사당에서 부부의 윤리를 깨뜨리는 행위를 했다는 것은 유교 국가 조선에서 상상조차 할 수 없는 일이었습니다. 유교의 근간을 흔들어놓는 일이었죠.

세 번째 이유는 어우동 사건에서 무엇보다 가장 큰 문제가 된 것이었는데요. 바로 간통 대상이 신분을 가리지 않았다는 것입니다. 신분사회인 조선은 반상班常의 구별이 엄격했습니다. 특히 종과 주인의 나뉨을 뜻하는 노주지분奴主之分은 절대 바뀔 수 없는 신분 관계를 말합니다. 그런데 어우동이 간통한 남자 중에는 지거비라는 노비도 있었던 것이지요. 신분질서가 어지럽혀지는 것을 금기로 했던 조선에서 신분이 다른 남녀가 간통을 한다는 것은 사회적 금기에 대한 도전이나 다름없었습니다. 특히나 하위 신분의 남성이 상위 신분의 여성을 농락하는 것은 지배층 권위에 대한 위협과도 같았습니다. 신분을 가리지 않고 나눈 사랑은 조선의 기본 이념을 무시한 행동이었고, 그래서 더 큰 문제가 되었던 것이지요.

살리느냐 죽이느냐
그것이 문제로다

사건이 벌어진 1480년, 조선을 다스리던 왕은 연산군의 아버지이자 조선 제9대 왕 성종이었습니다. 성종의 할아버지이자 조선 제7대 왕 세조가 강력한 왕권을 확립하기 위해 힘으로 주도하는 패도정치를 했다면, 성종은 학문을 배우고 토론하는 경연에 열심히 참여하며 신하와 소통하는 왕도정치로 조선을 정치적 안정기로 이끌었습니다. 1480년은 성종이 즉위한 지 11년째가 되던 해였죠.

성종은 다른 누구보다 조선을 유교의 나라로 만들기 위해 노력했던 왕입니다. 그런데 어우동 사건에 왕실의 종친들까지 얽혀 있으니, 성종의 입장에서는 집안 망신이 아닐 수 없었습니다. 그래서 어우동에게 내릴 처벌을 신중하게 고심했죠.

어우동에 대한 조사를 마친 의금부는 성종에게 '태강수 이동이 버린 아내 어우동의 간통죄는 《대명률》에 따라 장형 100대, 유배 2천리에 해당한다'고 보고했습니다. 보고를 받은 성종은 어우동의 처벌을 놓고 조정 대신들과 의논을 시작했습니다. 아마 단순한 간통죄로 처리할 수는 없다는 생각을 갖고 있었던 것 같습니다.

조정의 신하들은 사형파와 장형파로 나뉘었습니다. 사형파의 주장은 이러했습니다.

"양반의 딸이며 종친의 아내로서 음란하고 추잡함을 자행하였으니, 마땅히 극형에 처하여 온 나라의 주의를 경계해야 합니다!"

"강상죄를 후대가 따라 할 수 있으니, 극형에 처해야 합니다!"

강상은 삼강오륜과 같은 의미입니다. 그러니까 강상죄라는 건 삼강오륜을 저버린 반인륜적 범죄를 말하는 것이지요. 자식이 부모를 죽이거나 아내가 남편을 죽이는 죄, 노비가 주인을 살해하는 죄가 여기에 해당되었죠. 어우동 사건은 단순한 간통죄가 아니라 강상죄로 처리해야 하는데, 사람이 지켜야 할 도리에 어긋나고 나라의 기강을 흔드는 잘못을 했기 때문에 극형에 처해서 다시는 이런 일이 없도록 본보기로 삼아야 한다는 것입니다.

그에 맞서는 장형파의 주장은 무엇이었을까요?

"지금 만약 극형에 처한다면 법이 무너질까 두렵습니다."

어우동의 죄는 사형에 해당하지 않기 때문에 죽이는 건 부당하다는 것이었습니다. 한마디로 "법대로 하소서!"라는 뜻이었지요.

이때, 앞서 말한 유감동의 이름도 다시 등장하게 되었습니다.

"감동이 창기라 칭하면서 거리낌 없이 음란한 행실을 하였는데, 사형을 감하여 판단을 내렸습니다. 지금 어우동의 죄는 율이 사형에 이르지 않으니, 청컨대 사형을 감하여 먼 곳으로 유배하소서!"

예나 지금이나 판결을 내리는 데 있어서 '전례'는 무척 중요했습니다. 성종이 따르고자 하던 세종 때, 어우동과 비슷한 행적을 보였던 감동이 사형당하지 않은 사례는 장형파 입장의 신하들에게 큰 힘을 실어주었지요.

이와 같이 어우동을 본보기로 삼아 극형에 처해야 한다는 사형파와 법을 넘어서는 형률을 쓰면 안 된다는 장형파로 나뉘어 서로 물러서지 않고 팽팽히 맞섰습니다. 쉽사리 의견이 좁혀지지 않는 가운데 성종은 어우동 처벌에 대한 의지를 보이며 이 문제를 45일 뒤에 다시 논의하자고 합니다. 그리고 의금부에 이렇게 명령합니다.

"어우동은 음란함이 지나쳐 거리낌 없이 자기 마음대로 행하였는데, 이런데도 죽이지 않는다면 후세인들을 어떻게 깨우치게 하겠느냐? 의금부에 명하여 사율을 헤아려 아뢰게 하라."

《성종실록》121권, 11년(1480) 9월 2일

성종은 대신들이 뭐라고 하든 이미 어우동을 죽일 마음이 확고했습니다. 그래서 직속기관인 의금부에 어우동에게 사형을 내릴 근거를 찾아오라 명한 것이지요. 45일이 지나고 의금부는 성종에게 받은 숙제를 풀어 왔습니다. 장형 100대에 유배 2천 리에 해당했던 어우동의 간통죄는 2달도 되지 않아 전혀 다른 죄와 처벌로 바뀌어 있었지요. '남편을 배반하고 도망하여 개가한 법'을 적용해서 교부대시絞不待時에 처해야 한다는 것이었습니다.

우선 교絞는 목에 형구를 사용해 죽이는 형벌을 뜻합니다. 그리고 부대시不待時란 때를 기다리지 않고 집행한다는 말이지요. 사형은 보통 추분까지 기다렸다가 집행하는 것이 원칙이었습니다. 그 사이에 사형수가 누명을 벗을 수도 있고 감형 또는 사면의 혜택을 받을 수도 있으니까요. 하지만 어우동에게는 계절에 상관없이 처벌하라는 명이 떨어진 것입니다.

어우동은 남편을 배신한 적도, 개가한 적도 없었습니다. 따지고 보면 어우동에게 적용하기 어려운 법이나 아무튼 사형에 처하겠다는 것이었습니다. 법대로 처벌하자고 주장했던 대신들이 비판 공세에 나섰습니다. 심지어 최고 벼슬인 영의정은 이렇게 말했습니다.

"한때의 노여움으로 경솔히 율 밖의 무거운 법률을 쓰는 것은 옳지 못합니다."

지금 화가 난다고 해서 경솔한 판단을 하면 안 된다고 강하게 말한 것입니다.

하지만 성종은 끝까지 결정을 번복하지 않았습니다. 고려 말세의 음란한 풍속이 다시 일어날까 두렵다면서 어우동의 처벌은 단순한 형벌 적용 문제가 아니라 풍속을 바르게 이끌어가기 위함이라고 강조했지요. 어우동은 결국 명이 내려온 그날 곧바로 교형에 처하게 됩니다. 이는 무척 이례적인 일이었습니다. 사건에 연루된 많은 인물과 조정에서 이뤄진 긴 논의에 비하면 전광석화 같은 법 집행이 아닐 수 없습니다. 《용재총화》에 따르면 어우동이 극형을 받게 되자 길에서 눈물을 흘리는 사람도 있었다고 하니, 그녀를 동정하는 여론도 많았던 모양입니다.

성종이 어우동에게
극형을 내린 까닭은?

그렇다면 어우동과 함께 간통한 남자들은 어떤 처벌을 받았을까요? 어우동은 죽음으로 죗값을 치러야 했지만, 놀랍게도 사건에 연루됐던 남자 중 목숨을 잃은 사람은 아무도 없습니다. 장형을 선고받은 사람은 있지만 이마저도 돈을 내고 풀려나고, 귀양을 가더라도 곧 풀려났지요. 심지어 어떤 사람은 무고로 인정되어 처벌을 받지 않았습니다. 함께 간통을 저질렀는데 여성인 어우동과는 처벌이 완전히 달랐던 것이지요.

성종을 포함한 위정자들은 천한 기생과도 같은 행동을 한 어우동 때문에 오히려 뜻있는 선비들이 큰 피해를 봤다고 보았습니다. 그 선비들이 간통이라는 한 가지 오점 때문에 출세할 수 없게 된다면 그건 너무 가혹하다는 입장이었던 것입니다.

성종은 없는 법까지 끌어와서 일벌백계할 정도로 어우동 사건을 심각하게 바라봤습니다. 그가 어우동의 죽음을 발판 삼아 만들고 싶었던 유교 국가는 어떤 모습이었을까요? 성종 묘호의 '성成'은 '이루다', '갖추다'라는 뜻을 가지고 있습니다. 조선의 유교적 기틀을 잡은 왕이 바로 성종입니다. 그는 많은 업적을 남겼지만, 그중에서도 성종이라는 묘호를 받게 된 가장 큰 업적은 《경국대전》을 완성한 일입니다. 다스릴 경經, 나라 국國, 큰 대大, 법 전典 《경국대전》은 나라를 다스리는 큰 법전이라는 의미입니다. 정치·경제·사

경국대전 조선 왕조의 기본 법전. 세조의 명으로 편찬을 시작하여 성종 대인 1485년에 완성되었다. 국립중앙박물관 제공.

회·문화를 규정한 법전으로 어우동이 죽고 5년 뒤에 반포되었는데, 《경국대전》을 보면 조선의 성격과 성종이 만들고자 했던 유교국가 속 여성의 모습을 알 수 있습니다.

첫째는 '재가녀 자손 금고법再嫁女子孫禁錮法'으로 재혼을 금지하는 법입니다. 재혼한 여성의 자손은 과거에 응시할 수 없도록 하는 잔인한 연좌법인데, 여성의 입장에서는 자신이 재혼하면 자식의 앞길을 막는다는 죄책감에 시달리게 될 것입니다. 그러니 다들 재혼을 생각도 안 하게 되는 것이죠.

점점 여성의 재혼은 비윤리적이라는 인식이 생기고 꺼리다 보니, 경제적으로 먹고살 길이 막막해진 과부들은 생존에 위협을 받기도 했습니다. 가뭄으로 흉년이라도 들면 굶어 죽을 위기에 처하는 여자들도 적지 않았다고 합니다. 결국 자식 없는 젊은 과부의 재혼은 허락하고 최소한 먹고살 수는 있게 하자는 절충안도 나왔지만 그 절충안은 받아들여지지 않았습니다. "굶어 죽는다는 핑계로 정절을 잃는 과부가 많아진다"는 이유였습니다. 굶어 죽더라도 정절은 지키라는 것이니 잔인한 생각이 아닐 수 없습니다.

둘째는 '내외법內外法'으로 남성과의 접촉을 금지하는 법입니다.

"이리 오너라!", "이 생원 계시냐고 여쭈어라."

사극에서 손님과 주인마님이 가운데에 노비를 두고 이런 대화를 하는 장면을 한 번쯤 본 적이 있을 것입니다. 조선 시대에는 이렇듯 남녀의 직접적인 만남을 내외법으로 금지했습니다. 내외법은 여성이 절에 가거나 산과 계곡에 놀러 가는 것조차 금지하고 있습니다. 이를 어기면 장형 100대에 처했습니다. 함부로 밖에 나가면 남성과 불필요하게 마주치고 정절을 잃게 될 수도 있다는 걱정을 핑계로 집 안에 가둬두는 법이었던 것이지요. 내외법이 생기면서 여성들의 삶에 족쇄가 채워졌습니다. 바깥나들이를 쉽게 할 수 없게 되었고, 부득이 외출해야 할 때면 장옷으로 얼굴을 가려야만 했습니다. 상류층 여인들은 외출할 때 가마를 타야 했는데, 이때도 사면이 트여 있는 평교자는 탈 수 없었습니다. 밖에서 안을 못 보도록 지붕이 있고 사면에 벽이 있는 옥교자만 탈 수 있었지요.

여속도첩 신윤복의 대표적인 풍속화첩. 당시 번화한 수도 한양의 유흥 풍속을 보여주는 풍속도다. 이처럼 조선 시대에 여성들은 외출할 때 장옷을 사용해 얼굴을 가렸다. 국립중앙박물관 제공.

우리가 흔히 생각하는 조선의 여성상은 이때부터 만들어졌다고 볼 수 있습니다. 조선 초까지만 해도 여성의 삶은 자유로운 편이었습니다. 고려 때의 풍속이 계속 이어졌기 때문입니다. 성종은 나라의 기강을 확립하는 과정에서 유교적 틀에 맞춰 여성의 활동 공간을 제한했고, 새로운 국가의 정책은 기존의 풍속과 계속 부딪쳤습니다. 사람들이 말을 잘 듣지 않았던 것이지요.

그런데 때마침 어우동 사건이 터졌고, 성종은 '문제적 여성' 어우동을 반면교사로 삼았습니다. 어우동에게 내린 형벌은 여성들을 향한 경고였던 셈입니다.

　조선의 건국 이념인 유교는 15세기 후반까지도 사회에 완전히 정착되지 않은 상태였습니다. 어우동 스캔들은 유교 이념을 전파하는 데 걸림돌이 되는 사건이었지요. 성종은 어우동을 극형으로 처벌하는 강수를 두며 유교 국가를 만들어가겠다는 강한 의지를 왕실과 백성 모두에게 보여주었습니다. 하지만 어우동 사건은 얼마 지나지 않아 그 처벌이 잘못되었다는 평가를 받게 됩니다. 왕에게 유학의 근본이 되는 책인 경서를 강의하는 시독관이 중종 앞에서 이렇게 말했으니까요.

　"성종 때 어우동을 사형에 처한 것은 합당하지 못합니다."

　미디어 너머, 어우동의 인생과 성종 대의 시대적 상황을 살펴본다면 그 누구도 어우동이 죽을죄를 지었다고 말하기 힘들 것입니다. 화려한 의상, 매혹적인 미모로만 어우동을 보지 않고 여러 측면에서 바라보니 더 깊은 내막을 알 수 있었지요? 과거로부터 내려오는 전통은 일견 완벽해 보일 때가 많지만 인간이 만든 것이기에 그 안에 여러 가지 모순이 담길 수밖에 없습니다. 과거로부터 계속되어왔다고 해서 완벽한 논리를 갖추고 있는 것은 아니라는 비판적인 시선을 늘 잃지 말아야 할 것입니다.

"무릇 잘된 정치를 하려면

반드시 전대前代의 다스려짐과 어지러워짐의 자취를 보아야 할 것이요,

그 자취를 보려면 오직 역사의 기록을 헤아려야 한다."

《세종실록》93권, 세종 23년(1441) 6월 28일

벌거벗은 한국사 [인물편]

초판 1쇄 발행	2022년 8월 22일
초판 13쇄 발행	2024년 11월 21일

지은이	**tvN STORY** 〈벌거벗은 한국사〉 제작팀
	계승범, 김경수, 김지영, 노규식, 송웅섭, 이도학, 임기환, 최태성, 한희숙

펴낸이	임경진, 권영선
구성	서주희
교정교열	시소교정실
디자인	*studio* weme
제작	357제작소
일러스트	스튜디오 쥬쥬베

펴낸곳	㈜프런트페이지
출판등록	2022년 2월 3일 제2022-000020호
주소	경기도 파주시 회동길 37-20, 304호
전화	070-8666-6033(편집), 070-8666-6032(영업)
팩스	070-7966-3022
메일	book@frontpage.co.kr
인스타그램	instagram.com/frontpage_books
네이버 포스트	https://post.naver.com/frontpage_book

ISBN   979-11-978712-1-4(04910)